CORPORA

TAXATIO

RISK · PREVENTION

企业纳税

全程指引及风险防范

The Guidelines and Risk Prevention of Corporate Taxation

崔荣喜 / 编著

中国法制出版社
CHINA LEGAL PUBLISHING HOUSE

目 录 Contents

第一部分
重新认识企业纳税

一、企业纳税的误区

目前中国企业面临的不是经营风险，而是重大的纳税风险。产生纳税风险的主要原因是企业在纳税问题上已经走入一个误区——“纳税是财务部门的事”。将企业的纳税问题都交给财务部门来解决和处理，放松了对业务过程的纳税管理，导致公司负责人在做决策时不考虑纳税因素，业务部门在开展业务、签合同时也一概不考虑纳税因素，财务缴税时更是没有人监管，结果税务问题在企业内部全面失控，给企业造成巨大纳税风险。

误区 1：购买不动产一定要分 2 年抵扣

公司营改增后取得的不动产，其进项税额不一定都要分 2 年从销项税额中抵扣。

解析：

用一般计税方法的试点纳税人，2016 年 5 月 1 日后取得并在会计制度上按固定资产核算的不动产或者 2016 年 5 月 1 日后取得的不动产在建工程，其进项税额应自取得之日起分 2 年从销项税额中抵扣，第一年抵扣比例为60%，第二年抵扣比例为40%。

因此，营改增后取得的在会计上按固定资产核算的不动产分2年从销项税额中抵扣，而作为投资性房地产的不动产可以一次性抵扣。

借：投资性房地产100万元

应交税费－应交增值税（进项税额）11万元

贷：银行存款111万元

注：投资性房地产是指为赚取租金或资本增值或是两者兼有而持有的房地产。已经出租的建筑物属于投资性房地产，核算应该计入“投资性房地产”科目，而不计入“固定资产”科目，虽然投资性房地产也属于不动产，但是由于不符合15号公告所规定的“会计制度上按固定资产核算的不动产”，应该可以在购进的时候一次性抵扣进项税。

政策参考：

根据《国家税务总局关于发布〈不动产进项税额分期抵扣暂行办法〉的公告》（国家税务总局公告2016年第15号）第二条的规定。

误区2：增值税抵扣必须取得专票

财务人员认为只有增值税专用发票的进项税额才能从销项税额中抵扣，其实有些“普通发票”也可以抵扣：

1. 符合规定的“公路通行费发票”可以抵扣

根据《财政部、税务总局关于租入固定资产进项税额抵扣等增值税政策的通知》（财税〔2017〕90号）的相关规定：

自2018年1月1日起，纳税人支付的道路、桥、闸通行费，按照以下规定抵扣进项税额：

（1）纳税人支付的道路通行费，按照收费公路通行费增值税电子普通发票上注明的增值税额抵扣进项税额。

2018 年 1 月 1 日至 6 月 30 日，纳税人支付的高速公路通行费，如暂未能取得收费公路通行费增值税电子普通发票，可凭取得的通行费发票（不含财政票据，下同）上注明的收费金额按照下列公式计算可抵扣的进项税额：

高速公路通行费可抵扣进项税额 = 高速公路通行费发票上注明的金额 ÷（1 + 3%）×3%

2018 年 1 月 1 日至 12 月 31 日，纳税人支付的一级、二级公路通行费，如暂未能取得收费公路通行费增值税电子普通发票，可凭取得的通行费发票上注明的收费金额按照下列公式计算可抵扣的进项税额：

一级、二级公路通行费可抵扣进项税额 = 一级、二级公路通行费发票上注明的金额 ÷（1 + 5%）×5%

（2）纳税人支付的桥、闸通行费，暂凭取得的通行费发票上注明的收费金额按照下列公式计算可抵扣的进项税额：

桥、闸通行费可抵扣进项税额 = 桥、闸通行费发票上注明的金额 ÷（1 + 5%）×5%

（3）本通知所称通行费，是指有关单位依法或者依规设立并收取的过路、过桥和过闸费用。

2. 符合规定的“农产品收购发票、农产品销售发票”可以抵扣

《财政部、国家税务总局关于简并增值税税率有关政策的通知》（财税〔2017〕37 号）规定：自 2017 年 7 月 1 日起，纳税人购进农产品，按下列规定抵扣进项税额：

（1）纳税人购进农产品，取得一般纳税人开具的增值税专用发票或海关进口增值税专用缴款书的，以增值税专用发票或海关

进口增值税专用缴款书上注明的增值税额为进项税额；从按照简易计税方法依照3%征收率计算缴纳增值税的小规模纳税人取得增值税专用发票的，以增值税专用发票上注明的金额和11%的扣除率计算进项税额；取得（开具）农产品销售发票或收购发票的，以农产品销售发票或收购发票上注明的农产品买价和11%的扣除率计算进项税额。

（2）营业税改征增值税试点期间，纳税人购进用于生产销售或委托受托加工17%税率货物的农产品维持原扣除力度不变。

（3）纳税人从批发、零售环节购进适用免征增值税政策的蔬菜、部分鲜活肉蛋而取得的普通发票，不得作为计算抵扣进项税额的凭证。

（4）所称销售发票，是指农业生产者销售自产农产品适用免征增值税政策而开具的普通发票。

加计扣除农产品进项税额 = 当期生产领用农产品已按11%税率（扣除率）抵扣税额 ÷ 11% ×（简并税率前的扣除率 − 11%）

3. 符合规定的“完税凭证”可以抵扣

根据《财政部、国家税务总局关于全面推开营业税改征增值税试点的通知》（财税〔2016〕36号）附件二《营业税改征增值税试点有关事项的规定》：

一般纳税人从境外单位或者个人购进服务、无形资产或者不动产，按照规定应当扣缴增值税的，准予从销项税额中抵扣的进项税额为自税务机关或者扣缴义务人取得的解缴税款的完税凭证上证明的增值税额。

纳税人凭完税凭证抵扣进项税额的，应当具备书面合同、付款证明和境外单位的对账单或者发票，资料不全的，其进项税额不得从销项税额中抵扣。

误区3：所有收到的财政性资金均属于不征税收入

《财政部、国家税务总局关于专项用途财政性资金企业所得税处理问题的通知》（财税〔2011〕70号）规定：

企业从县级以上各级人民政府财政部门及其他部门取得的应计入收入总额的财政性资金，凡同时符合以下条件的，可以作为不征税收入，在计算应纳税所得额时从收入总额中减除：

（一）企业能够提供规定资金专项用途的资金拨付文件；

（二）财政部门或其他拨付资金的政府部门对该资金有专门的资金管理办法或具体管理要求；

（三）企业对该资金以及以该资金发生的支出单独进行核算。

假如既没有政府部门出具的资金拨付文件和资金管理办法或具体要求，也未单独进行核算，就不属于不征税收入，不允许在计算应纳税所得额时从收入总额中减除。

注意：

A：根据《中华人民共和国企业所得税法实施条例》第二十八条的规定，上述不征税收入用于支出所形成的费用，不得在计算应纳税所得额时扣除；用于支出所形成的资产，其计算的折旧、摊销不得在计算应纳税所得额时扣除。

B：企业将财政性资金作不征税收入处理后，在5年（60个月）内未发生支出且未缴回财政部门或其他拨付资金的政府部门的部分，应计入取得该资金第六年的应税收入总额；计入应税收入总额的财政性资金发生的支出，允许在计算应纳税所得额时扣除。

误区4：见到餐费发票就计入业务招待费

在企业的正常经营中，餐费产生的原因各不相同，不少企业将餐费和业务招待费画等号。事实上，业务招待费包括餐费，但餐费不一定都是业务招待费。比如以下情形：

（1）因业务开展的需要，招待客户用餐，会计核算上列“招待费”；

（2）员工食堂就餐、加班聚餐，会计核算上列“职工福利费”；

（3）员工出差就餐，在标准内的餐费，会计核算上列“差旅费”；

（4）企业组织员工职业技术培训，培训期间就餐，会计核算上列“职工教育经费”；

（5）企业筹建期间发生的餐费，会计核算上列“开办费”；

（6）以现金形式发放的员工餐费补贴，会计核算上列“工资薪金”；

（7）企业召开董事会，董事会期间发生的餐费，会计核算上列“董事会费”；

（8）工会组织员工活动，活动期间发生的餐费，会计核算上列“工会经费”；

（9）影视企业拍摄过程中“影视剧中的餐费”，会计核算上列入影视成本。

误区5：小规模纳税人计缴增值税一定按照3%的征收率

小规模纳税人不一定都是适用3%征收率的，根据不同的业务类型来适用不同的征收率：

（1）小规模纳税人增值税征收率为3%，财政部和国家税务总局另有规定的除外。

（2）小规模纳税人（除其他个人外）销售自己使用过的固定资产，减按2%的征收率征收增值税。

（3）小规模纳税人销售、出租不动产的征收率为5%。

（4）小规模纳税人提供劳务派遣服务等，可以选择差额征收，按照简易计税方法依5%的征收率计算缴纳增值税。

政策1：

《财政部、国家税务总局关于部分货物适用增值税低税率和简易办法征收增值税政策的通知》（财税〔2009〕9号）规定：小规模纳税人（除其他个人外）销售自己使用过的固定资产，减按2%征收率征收增值税。小规模纳税人销售自己使用过的除固定资产以外的物品，应按3%的征收率征收增值税。

政策2：

《财政部、国家税务总局关于进一步明确全面推开营改增试点有关劳务派遣服务、收费公路通行费抵扣等政策的通知》（财税〔2016〕47号）规定：小规模纳税人提供劳务派遣服务，可以按照《财政部、国家税务总局关于全面推开营业税改征增值税试点的通知》（财税〔2016〕36号）的有关规定，以取得的全部价款和价外费用为销售额，按照简易计税方法依3%的征收率计算缴纳增值税；也可以选择差额纳税，以取得的全部价款和价外费用，扣除代用工单位支付给劳务派遣员工的工资、福利和为其办理社会保险及住房公积金后的余额为销售额，按照简易计税方法依5%的征收率计算缴纳增值税。

政策3：

《纳税人提供不动产经营租赁服务增值税征收管理暂行办法》（国家税务总局公告2016年第16号）第四条规定，小规模纳税人出租不动产，按照以下规定缴纳增值税：

（一）单位和个体工商户出租不动产（不含个体工商户出租住房），按照5%的征收率计算应纳税额。个体工商户出租住房，按照5%的征收率减按1.5%计算应纳税额。

不动产所在地与机构所在地不在同一县（市、区）的，纳税人应按照上述计税方法向不动产所在地主管国税机关预缴税款，向机构所在地主管国税机关申报纳税。

不动产所在地与机构所在地在同一县（市、区）的，纳税人应向机构所在地主管国税机关申报纳税。

（二）其他个人出租不动产（不含住房），按照5%的征收率计算应纳税额，向不动产所在地主管地税机关申报纳税。其他个人出租住房，按照5%的征收率减按1.5%计算应纳税额，向不动产所在地主管地税机关申报纳税。

误区6：企业支付的罚款一律不得在企业所得税前扣除

凡是违反法律、行政法规而交付的罚款、罚金、滞纳金是不允许扣除的，但按照经济合同规定支付的违约金（包括银行罚息）、罚款和诉讼费可以扣除。这就要对发生的业务进行具体判定，对罚款不能一律认为不能税前扣除，要看具体情况。

（1）公司因没有按规定申报纳税，被主管税务机关罚款，属于行政性罚款，不可以税前扣除。

（2）因违反有关规章制度，被工商部门处以罚款，属于行政性罚款，不可以税前扣除。

（3）向工商银行贷款，逾期归还款项，被银行加收罚息，属于经营性罚款，可以税前扣除。

（4）房地产公司因工程延期完工，导致未能按期交付商品房，根据购房合同的约定支付业主的违约金，是房地产公司与销售房产相关的正常支出，可在税前列支。

（5）与别的企业签订购货合同，因未按照合同要求支付货款，进而给供应商支付“违约金”，属于经营性罚款，可以税前扣除。

误区7：所有取得的增值税专用发票均可以抵扣增值税

取得专票不一定允许抵扣，如住宿费专票，员工出差取得的住宿费专票可以抵扣，但是公司接待客户，收到酒店自行开具的“住宿费”增值税专用发票，即便是认证相符也不得抵扣；同样公司组织员工旅游，收到酒店自行开具的“住宿费”增值税专用发票，即便是认证相符也不得抵扣。

《财政部、国家税务总局关于全面推开营业税改征增值税试点的通知》（财税〔2016〕36 号）附件一《营业税改征增值税试点实施办法》第二十七条规定：

下列项目的进项税额不得从销项税额中抵扣：

（一）用于简易计税方法计税项目、免征增值税项目、集体福利或者个人消费的购进货物、加工修理修配劳务、服务、无形资产和不动产。其中涉及的固定资产、无形资产、不动产，仅指专用于上述项目的固定资产、无形资产（不包括其他权益性无形资产）、不动产。纳税人的交际应酬消费属于个人消费。

（二）非正常损失的购进货物，以及相关的加工修理修配劳务或者交通运输业服务。

（三）非正常损失的在产品、产成品所耗用的购进货物（不包括固定资产）、加工修理修配劳务或者交通运输业服务。

（四）非正常损失的不动产，以及该不动产所耗用的购进货物、设计服务和建筑服务。

（五）非正常损失的不动产在建工程所耗用的购进货物、设计服务和建筑服务。纳税人新建、改建、扩建、修缮、装饰不动产，均属于不动产在建工程。

（六）购进的旅客运输服务、贷款服务、餐饮服务、居民日常服务和娱乐服务。

（七）财政部和国家税务总局规定的其他情形。

误区 8：企业注册成立了公司一定要缴纳资金印花税

不一定，认缴制下的注册资金不需要缴纳印花税，只有实收的时候才需要缴纳万分之五的印花税。

《国家税务总局关于资金帐簿印花税问题的通知》（国税发〔1994〕25 号）规定：

“一、生产经营单位执行‘两则’后，其‘记载资金的帐簿’的印花税计税依据改为‘实收资本’与‘资本公积’两项的合计金额。

二、企业执行‘两则’启用新帐簿后，其‘实收资本’和‘资本公积’两项的合计金额大于原已贴花资金的，就增加的部分补贴印花。”

根据上述规定，投资者未实际投入的资金不需要贴花，待实际投资时再贴。

因此，认缴制下的注册资金既不需要做账，也不需要缴纳印花税。

二、正确认识企业纳税

（一）业务过程不规范就会产生纳税风险

纳税一直是困扰着企业的难题，从公司负责人到企业的财务人员都担心税务局对账目的稽查，什么原因使纳税困扰着企业？中国企业在发展道路上产生的风险势必要阻碍企业的发展。

企业遇到风险并不可怕，关键是要找到规避风险的办法。首先，企业要找到纳税风险产生的根源。根源就在于企业根本不懂纳税，不了解纳税。很多企业只是知道税务局负责收税，企业负责交税，但是并不知道为什么要交税，所交的税是怎么产生出来的。中国企业只会交税，不知道纳税的产生过程。

有的企业交增值税，也有很多企业交营业税，为什么企业所交的税种不一样？可能交增值税的企业发生的经营过程是生产销售，按照增值税条例的规定当然是交增值税。交营业税的企业的经营过程是给客户提供服务，按照营业税条例的规定当然是交营业税。仔细分析一下，两个企业交了不同的税是因为发生了两种不同的经营行为，所以是经营过程产生了企业的税，不同的经营过程能产生不同的税。但是经营过程由什么来决定？企业为什么做这项业务？企业经营过程中都会遇到签合同的情形，合同签订后，就产生了法律效力，后面的业务过程要按照合同的条款来实施。即使将来企业打官司，也要依据合同，所以合同决定了企业的经营过程。

企业经营的收入与支出都是通过合同来进行的，有的需要用文字落实在纸质合同上，有的是口头约定合同内容，合同到底是公司的哪些部门负责签订呢？一般来说财务部门不去负责签合同，都是业务部门签合同。合同是业务的依据，有了业务经营过程，税就产生了。所以根据这个过程分析纳税实际上就是业务部门签合同的时候产生的，业务部门才真正决定公司的纳税。企业不签合同、不做业务就产生不了纳税，财务部门只是等着业务部门把业务做完之后再做账。但是人们都认为纳税是财务人员的事，公司负责人也认为纳税就是财务部门的事。

财务和纳税是怎样的关系？财务部门在纳税上到底做了哪些工作？财务做账的目的是什么？实际上财务做账有两大目的：第一，通过科目之间的关系反映整个经营过程；第二，通过财务做账核算企业的经营成果。财务在核算的同时就已经把税计算出来，然后再通过财务部门把它交到税务局。因此，从这个角度看财务和纳税的关系就是财务是交税部门，通过做账工作完成企业的交税。

所以我们要对纳税有一个新的认识，纳税在公司应该体现为两大环节：一个是产生纳税的环节，即业务部门产生的纳税；另一个是交税的环节，即财务部门交税。根据这两大环节给企业相关人员总结为一句话作为思考：纳税怎么交不能看财务的账怎么做，而是要看什么业务怎么做。

如果公司的税务上出了问题，公司负责人说有公司强大的财务做后盾，无论业务部门怎么做，财务总能按照公司负责人的意愿做出一份账目表。

拿这种观念来分析问题，业务部门在做事的时候会不考虑纳税，把责任全部推给财务部门承担。业务部门没有纳税的观念，等轮到财务部门之后已经没有办法更改纳税项目，而企业盈利的需求和公司负责人施加的压力让财务部门只能在账目上做手脚，有时候调整财务科目的数字，有时候会修改发票，总之是采取了违法的手段达到了少交税的目的，属于典型的偷税行为。实际上很多企业的偷税行为就是在这样的压力下产生的。

为什么公司负责人想依法纳税却做不到？为什么税务局一查企业就会出事？为什么财务不造假连账都做不了？主要的根源就是中国企业在纳税上已走入了一个误区，大家都认为纳税是财务的事，把所有的纳税问题全都放到事后的财务部门去解决而导致的。业务部门是产生纳税的过程，在缺少纳税考虑的情况下随意地制造纳税，风险发生之后才逼迫财务部门去处理，在这个流程中放松了业务部门的纳税管理。

所以将来企业的纳税管理重点应该放到业务部门，必须要加强业务部门的纳税管理，公司才能真正地规避风险。我们财务部门起到做账核算的功能，财务所做的一切工作的依据都是业务过程，只有业务过程规范之后财务工作才能规范。

目前中国企业之所以在纳税上总是出问题，关键是放松了对业务过程的管理，总是在误区当中，逼着财务去处理已经造成的问题，导致了企业的纳税风险。

（二）企业缴纳多少税其实取决于公司负责人的决策

作为企业不是要先解决财务的问题，而是要解决公司负责人的问题。因为公司负责人是一个决策者，公司如何发展、业务如何做都要受到公司负责人的影响。

加强业务管理涉及公司的管理手段，公司负责人需要有这种意识。需要通过培训改变观念的是业务人员和公司负责人，只有他们从观念上有所改变，财务工作才会变得顺利。经过培训后公司负责人才会认识到原来单位的纳税风险并不是财务部门造成的，而是自己和业务部门导致的。比如，当初由于业务的需要，单位各部门都配了车，之后单位要雇人专门对车辆进行管理，并且在管理的过程中制定了相关车辆使用、调配、维修制度。尽管如此大家对车还是不爱惜，在使用过程中频频出现问题，给公司造成了很大的损失。于是公司决定实行车辆改革，把所有车以低廉的价格卖给企业的个人，但是车辆仍然归公司所用，公司每个月给购车的人一定的补贴，通过这个办法解决了一个管理上的问题，从经营角度来讲是规避了损失风险，但是在纳税上却暴露了更多的问题。以前属于公司的车，能提折旧，产生的费用能报销，可是现在变成个人的车，产生的各种车辆费用企业就不能再报销，这就影响了企业所得税。

所以，目前很多企业遇到了相似的问题就是公司负责人在决策的时候只考虑经营，不考虑纳税，往往在经营决策上是正确的，遇到纳税问题就出了岔子。公司负责人总是在经营过程中认为财务部门就是用来处理各种纳税和报账问题的，这种观念给从事财务工作的人员带来了很大的压力，直接逼迫财务人员想办法偷税漏税。

所以必须要加强业务过程的纳税管理，一定要转变公司负责人的纳税观念，在决策上渗透纳税的手段，这样才能保证企业健康发展。

公司负责人的观念一定要转变，财务部门不是承担纳税责任的根本，公司负责人的决策才最终影响企业交税的多少。

（三）只有缴完税后才是企业的利润

什么是企业的利润？大家都认为生意是买卖双方做的，这是一个伪命题，生意永远是三方做的，除了买卖双方之外还有一方是国家。如果一家企业不知道自己给国家交了多少税，又怎么知道赚了多少钱呢？为什么大家一谈到经营就只想到买卖双方，忽视了一个“税”字，背后隐藏的第三方会对企业产生很大的影响。

【案例】

某企业100元含税进价，卖出去含税130元，缴完税利润是多少？

假设该企业是一般纳税人，适用增值税税率16%，取得进价亦为增值税专用发票，税率16%，则：

进价去税成本=100/1.16=86.21元；进项税=13.79元。

销售去税收入 =130/1.16 =112.07 元；销项税 =17.93 元。

不考虑期间费用等其他成本因素，可实现税前利润 =112.07 - 86.21 =25.86 元（利润总额）。

如果适用企业所得税税率 25%，则所得税费用 =25.86 * 25% =6.47 元。

可实现净利润 =25.86 - 6.47 =19.39 元。

此外，上述业务可实现应交增值税 =17.93 - 13.79 =4.14 元。

作为一个企业公司负责人要学会用纳税手段来搞经营，用纳税的手段管理企业，这才是一个好的公司负责人需要做的。同时忠告全国企业公司负责人一句话：不要只做经营上的成功者，而成为纳税上的失败者。

三、如何规范企业的纳税管理

纳税产生在企业的业务过程中，而这个过程正是被广大企业所忽视的，人们只看到财务人员和税务局直接打交道，财务部门在后台了解各种纳税政策，给大家留下的直观误区就是纳税是财务部门的事。

（一）谁来管好企业纳税

实际上企业遇到的很多风险都是在业务过程中产生的，这是影响企业依法纳税的主要根源。要解决这个问题必须要加强企业的纳税管理，很多跨国公司和大型集团公司不仅在组织架构上设立有财务部，还在此基础上设立了税务部。企业设立税务部有三大目的：

（1）税务部对公司的纳税进行分析，为公司负责人做出合理决策提供依据，规避纳税上的潜在风险；

（2）对业务流程实行纳税监管，以前公司业务部门做业务所签订的合同文本一般是由法律顾问帮忙设计和审核，从现在开始不仅要有法律顾问，更要站在纳税的角度对合同进行设计和审核，在合同签订、货款结算、发票开具等环节上规避纳税风险；

（3）监管财务交税，以前企业里面都是财务部门去交税，没有任何人监管，这样做公司负责人无法知道财务是否依法交税或者是否出现错误，给企业带来损失。

如果企业有实力最好专门设立管理纳税的部门或者岗位，加强企业的纳税管理。

（二）谁来监管财务部门缴税行为

虽然企业需要对纳税进行监管，但是在很多企业里都无法实现。因为企业更看重业务，对财务部门本身的工作缺少监督。而且，由谁来监管还是一个很现实的问题。

【案例】

某企业由于财务人员对政策理解的失误，在做纳税调整的过程中多调增了所得额，结果多交了180多万元的企业所得税。这件事被税务局发现，按说税务局有责任把多缴纳的税退还给企业，于是税务机关找到这家企业的财务经理对他说：“我给你下一个处理决定，把税退给你们……”

可是税务机关的话还没有说完，财务经理已经吓得脸色突变，赶紧对税务机关说：“退什么退，算了吧，我们也不差这100多万元。如果你们给我下一个处理决定，一旦被我们老总知道不就等于说我工作失职，肯定会追究我的责任的。”

案例中反映出来的就是财务人员的责任心问题，如果企业中没有监管财务部门的机构存在，完全凭借财务人员的责任心来处理纳税工作是存在风险的。如果一个企业的财务人员责任心不强，企业很可能会遭受更大的损失。税务局在稽查企业的过程中发现很多问题都是因为财务人员对政策的不了解而导致的，所以企业需要对交税环节加强监管。

（三）纳税多少不是财务部门决定的

公司负责人经常把纳税问题推给财务部门解决，认为这是他们的职责之一，而财务部门为了达到公司负责人的要求，有时候会想出一些违法的下策。一旦被查处，会给企业带来巨大损失。

【案例】

某家软件开发企业，把开发出来的软件刻录在一张光盘上对外销售。这套软件技术含量比较高，卖出的价格是1万块钱一套。但是它的材料成本只有几块钱，软件最主要的成本就是人工开发成本。产品需要交16%的增值税，导致公司需要缴纳高额的销项税，税负高当然是公司负责人最心疼的了，于是追问财务部门为什么要缴纳这么高的税。财务部门无法回答，为了证明财务部门的工作能力和价值，后来想尽一切办法终于找到了为公司少交税的策略。这个办法就是公司通知客户从下个月开始软件产品要调价，从原价1万元调整为现价2000元，价格虽然大幅降低，但是公司提出的附加条件就是客户购买产品之后不能使用，公司要派人过去给客户做产品使用的培训，对产品进行安装、调试、维护，需要另外收取服务费8000元。这样做的话公司的产品只有2000元需要开国税的发票，交16%的增值税，服务费开地税的发票，交5%的营业税。

这种办法看起来很好，但是并不符合国家相关法律规定。这种业务在《增值税条例》上定义为混合销售，即同一笔业务中既发生了增值税又发生了营业税的情况下，需要全部交增值税。

所以现在财务经理遇到的难题就是不仅国税局找来了，还把地税局卷了进来，结果企业一点也没有少缴纳税。

国家已经明确软件开发企业是国家鼓励的行业，当初在成立企业的时候为什么没有到相关的行业协会认定为软件企业呢？为什么不到税务局申请税收优惠政策呢？国家对软件开发企业有纳税的优惠，首先国家规定软件产品的增值税实行超税负返还，不管交多少增值税，增值税税负控制为3%，只要超过3%的部分都会退回，这叫即征即退。另外，软件企业的所得税实行两免三减，开发人员的工资不受计税工资的限制，可以全额税前扣除。

从案例中我们可以发现，财务人员的工作需要监督，公司如何纳税并不是依靠财务人员空想出来的，需要仔细研究国家相关政策，然后结合公司的业务制定出符合公司利益的财务制度，这样才能真正实现财务部门的功能。

（四）公司负责人不懂税就是最大的风险

有一个财务经理说过的话道出了众多财务工作人员的心声，这位财务经理说：“我们为公司省下了100多万元的税，但是公司负责人根本看不见，他会认为这是财务部门应该做的事情。同样，财务部门稀里糊涂给企业多交了税，如果没有人告诉公司负责人，他也不知道企业已经有所损失。”

目前很多企业都存在上述这种状况，如果中国的公司负责人不加强内部管理，企业很难获得持续性的发展。

一个企业到底该如何发展？纳税到底该如何管理？这是一个很大的问题。企业需要对纳税进行全面的管理，要为自己培养专业的纳税管理人才。通过人才的培养来制定相应的管理措施，为公司建立一套完善的纳税管理体系，只有对公司的纳税实行全面管理，从公司负责人的决策到业务的实施、合同的签订、财务的交税等每一个细节都要实行纳税监管，这样才能保证企业纳税的规范。

目前中国企业的纳税处于一种失控的状态，在业务流程、公司负责人决策、财务交税过程中存在各种各样的问题。中国企业在经营管理上最缺乏的一种管理就是纳税管理，最缺乏的人才就是纳税管理人才。所以要规避风险、解决纳税问题，必须要通过人才的培养，在公司内部建立完善的纳税管理体系。

既然大型企业能够设立税务部，如果中小企业没有足够的实力单独设立这样的部门，还可以通过内部培养纳税管理人才，为公司专门解决纳税问题，规避前期的风险。也可以聘请税务顾问，对企业的业务经营进行纳税管理。

通过上述一系列的分析我们会发现改革开放这么多年，中国企业已经具备了抵抗风险的能力，未来将面临的最大风险不是经营风险，而是纳税风险。将来企业如果处理不好纳税问题，势必会在这个环节上出大问题，直接影响到企业的健康发展。

第二部分

分税种疑难问题解析

一、印花税

从2018年5月1日起，将对纳税人设立的资金账簿按实收资本和资本公积合计金额征收的印花税减半，对按件征收的其他账簿免征印花税。

问题点1　印花税各税目如何界定缴纳印花税？

【解析】

1. 购销合同

包括供应、预购、采购、购销结合及协作、调剂、补偿、易货等合同。

其计税依据为购销金额（全额，但不包含税金）不得作任何扣除。

强调：

在商品购销活动中，采用以货换货方式进行商品交易签订的合同，是反映既购又销双重经济行为的合同。对此，应按合同所载的购、销合计金额计税贴花。

2. 加工承揽合同

包括加工、定做、修缮、印刷、广告、测绘、测试等合同。

三种情况，处理各不同：

（1）受托方提供原材料及辅料，并收取加工费，原材料和辅料按购销合同计税贴花，加工费按加工承揽合同计税贴花（大包承揽）。

（2）合同未分别记载原辅料及加工费金额的，一律就全部金额按加工承揽合同计税贴花（税率从高）。

（3）委托方提供原材料，受托方收取加工费及辅料，双方就加工费及辅料按加工承揽合同计算贴花（手工费计税）。

3. 建设工程勘察设计合同

包括勘察、设计合同的总包合同、分包合同和转包合同。

其计税依据为勘察、设计收取的费用（即勘察、设计收入）。

4. 建筑安装工程承包合同

包括建筑、安装工程承包合同的总包合同、分包合同和转包合同。

其计税依据为承包金额，不得剔除任何费用。如果施工单位将自己承包的建筑项目再分包或转包给其他施工单位，其所签订的分包或转包合同，仍应按所载金额另行贴花。

5. 财产租赁合同

其计税依据为租赁金额（即租金收入）。

强调：

（1）税额超过 1 角不足 1 元的按照 1 元贴花。

（2）财产租赁合同只是按定月（天）租金标准，而不确定租期的，先定额5元贴花，在结算时按实际金额计税，补贴印花。

6. 货物运输合同

其计税依据为取得的运输费金额，不包括所运货物的金额、装卸费和保险费等。

7. 仓储保管合同

其计税依据为仓储保管的费用。

8. 借款合同

银行及其他金融组织和借款人（不包括银行同业拆借）所签订的借款合同，融资租赁合同按照借款合同贴花。

强调：

（1）借贷双方签订的流动资金周转性借款合同，一般按年（期）签订，规定最高限额，借款人在规定的期限和最高限额内随借随还。对这类合同只就其规定的最高额为计税依据，在签订时贴花一次，在限额内随借随还不签订新合同的，不再另贴印花。

（2）对借款方以财产作抵押，从贷款方取得抵押贷款的合同，应按借款合同贴花，在借款方因无力偿还借款而将抵押财产转移给贷款方时，应就双方书立的产权书据，按产权转移书据有关规定计税贴花。

9. 财产保险合同

计税依据为支付（收取）的保险费金额，不包括所保财产的金额。

10. 技术合同

包括技术开发、转让、咨询、服务等合同。

强调：

（1）对技术开发合同，只就合同所载的报酬金额计税，研究开发经费不作为计税依据。

（2）技术转让合同中的转让收入，是按销售收入的一定比例收取或按实现利润分成的，可在签订时先按定额5元贴花，以后结算再按实际金额计税，补贴印花。

11. 产权转移书据

我国印花税税目中的产权转移书据包括财产所有权、版权、商标专用权、专利权、专业技术使用权共5项产权的转移书据。

强调：

常见的如土地使用权出让合同、土地使用权转让合同、商品房销售合同按照此税目征收印花税。

12. 营业账簿

包括资金账簿、其他营业账簿（日记账簿和各明细分类账簿）。

计税依据：

记载资金的营业账簿，以实收资本和资本公积的两项合计金额为计税依据。

第二年新启用的“资金账簿”的实收资本和资本公积未增加的，对其不再贴花。其他营业账簿，计税依据为应税凭证件数。

13. 权利许可证照

“四证一照”，即工商营业执照、房屋产权证、土地使用证、商标注册证、专利证（工房地商专）。

其计税依据为应税凭证件数，每件5元。

问题点2 委托贷款合同，如何缴纳印花税？

某银行2013～2014年从事委托贷款业务，具体流程为：委托单位与该银行先签订委托贷款合同，委托单位委托该银行将此笔款项贷给合同注明的甲公司，该银行不承担确保款项安全的责任，只收取一定的手续费，然后由该银行与甲公司（借款单位）签订委托贷款合同（上面注明贷款金额）。委托贷款合同需要缴纳印花税吗？

【解析】

根据《中华人民共和国印花税暂行条例》的规定，只有企业与金融部门签订的借款合同才需缴纳印花税。

【结论】

企业与金融部门签订的委托借款协议，以及企业与非金融企业签订的借款协议，均不属于《中华人民共和国印花税暂行条例》所列举的征税合同，不征收印花税。

问题点3 电子“请购单”是否属于印花税应税凭证？

电信某分公司主要负责全省电信网络手机销售工作，该企业手机业务，通过用友财务软件中的 ERP 系统与总公司通过电子“请购单”进行确认、付款，然后生成入库单，总公司给分公司开具增值税专用发票。请购单上明确以下事项：存货编码、存货名称、单位、数量、总部出货单价、订货金额、需求公司（分公司）、采购公司（总公司）、调入仓库。上述电子“请购单”是否属于印花税应税凭证？

【解析】

《国家税务总局关于各种要货单据征收印花税问题的批复》（国税函发〔1990〕994 号）规定，商业企业开具的要货成交单据，是当事人之间建立供需关系，以明确供需各方责任的常用业务凭证，属于合同性质的凭证，应按规定贴花。

《财政部、国家税务总局关于印花税若干政策的通知》（财税〔2006〕162号）规定，对纳税人以电子形式签订的各类应税凭证按规定征收印花税。

【结论】

上述“请购单”所载内容具备合同要素，属于合同性质的凭证，是以电子形式签订的应税凭证。符合以上规定，应缴纳印花税。

问题点4　购销合同收入的计税依据是否含税？

销售环节和采购环节购销金额是按含税金额贴花还是不含税金额？查账征收和核定征收两种方式分别是如何确认的？

【解析】

《中华人民共和国印花税暂行条例施行细则》第十八条规定，按金额比例贴花的应税凭证，未标明金额的，应按照凭证所载数量及国家牌价计算金额；没有国家牌价的，按市场价格计算金额，然后按规定税率计算应纳税额。

根据《上海市税务局关于实施新的〈增值税暂行条例〉后购销合同、加工承揽合同征印花税问题的通知》（沪税地〔1993〕103号）的规定，对购销合同的贴花，均以合同记载的销售额（购入额）不包括记载的增值税额的金额计税贴花。

根据《湖北省地方税务局关于明确财产行为税若干具体政策问题的通知》（鄂地税发〔2010〕176号）的规定，“五、关于购销合同印花税计税依据的确认问题根据《中华人民共和国印花税暂行条例》的规定，购销合同的计税依据为合同上载明的‘购销金额’。而在实际经济活动中，购销合同中的‘购销金额’有的包括增值税税金，有的不包括。对这一问题分两种情况处理：

（一）按合同金额计征印花税的情形：

1. 如果购销合同中只有不含税金额，以不含税金额作为印花税的计税依据；

2. 如果购销合同中既有不含税金额又有增值税金额，且分别记载的，以不含税金额作为印花税的计税依据；

3. 如果购销合同所载金额中包含增值税金额，但未分别记载的，以合同所载金额（即含税金额）作为印花税的计税依据。

（二）核定征收印花税的情形：

直接以纳税人账载购销金额作为印花税的计税依据，而不论其是否包含增值税税金。”

【结论】

一是查账征收印花税的情形：

如果购销合同中只有不含税金额，以不含税金额作为印花税的计税依据；

如果购销合同中既有不含税金额又有增值税金额，且分别记载的，以不含税金额作为印花税的计税依据；

如果购销合同所载金额中包含增值税金额，但未分别记载的，以合同所载金额（即含税金额）作为印花税的计税依据。

二是核定征收印花税的情形：

因为增值税为价外税，以纳税人账载购销金额作为印花税的计税依据，因此不包含增值税。

问题点 5　新车交接确认表是否属于印花税的应税凭证?

某汽车销售公司年销售额约 7 亿元人民币，企业销售环节未签订合同，但与购车主签订了新车交接确认表。确认表中含有买卖双方的名称、提车时间、金额、发票号、付款方式、车型资料等内容。上述确认表是否作为印花税应税凭证?

【解析】

《中华人民共和国印花税暂行条例》第二条规定，下列凭证为应纳税凭证：（一）购销、加工承揽、建设工程承包、财产租赁、货物运输、仓储保管、借款、财产保险、技术合同或者具有合同性质的凭证……

《中华人民共和国印花税暂行条例施行细则》第四条第二款规定，具有合同性质的凭证，是指具有合同效力的协议、契约、合约、单据、确认书及其他各种名称的凭证。

《中华人民共和国经济合同法》第十二条规定，经济合同应具备以下主要条款：

一、标的（指货物、劳务、工程项目等）；

二、数量和质量；

三、价款或者酬金；

四、履行的期限、地点和方式；

五、违约责任。

【结论】

根据上述规定，该公司销售汽车虽然未签订购销合同，但如果买卖双方签订的“新车交接确认表”中包含上述合同要素，则属于“具有合同效力的协议、契约、合约、单据、确认书及其他各种名称的凭证”，也是具有合同性质的应税凭证，应按规定缴纳印花税。

问题点 6　以前注册公司是实缴制，现在是认缴制，实收资本印花税如何缴纳？

【解析】

印花税是每家企业拿到营业执照后要面临的第一个税种。不管你的企业是什么样的企业，拿到营业执照首先涉及的就是印花税。因为我们执照上都会显示注册资本，印花税就是根据企业实收资本为计算基数来计算的。具体来说，实收资本乘以万分之五就是企业需要缴纳的印花税金额。

很多会计，特别是新入行的会计，都不知道要交印花税。原因是很多会计人员刚开始接触企业财务工作，往往接触到的是已经成立一段时间的企业，而不是新企业。这样的话，很多时候会计新人可能不会仔细查看前面的账务，也不懂得去查看企业之前都交了什么税种，这就导致了他们根本不知道企业会涉及印花税。但当会计人员遇到新成立的公司时，往往会忽略印花税的缴纳，造成公司漏交印花税的情况。

企业投资进来，账目清楚记载的实收资本是不可能随意改掉的，这个事实也没有办法掩盖，这么明显、必须缴纳的税种，没有哪个公司负责人会想逃掉这个纳税。唯一的可能就是，会计或公司负责人不知道要去缴纳这个印花税，结果就造成漏缴税款。特别是现在注册公司实行的注册资本认缴制，需要企业在承诺认缴资本的时点进行资本认缴，这时就会涉及印花税的缴纳。

【结论】

这个实收资本乘以万分之五的印花税一定要缴，而且一旦企业的投资款已到账，就要马上申报缴纳（实收资本到账的次月申报缴纳）。缴完后，无论你的企业经营多久，已经缴纳过印花税的实收资本就不用再缴纳了。除非企业后续增加投资资金，或陆续实现注册资本的到账。

实收资本和注册资本的区别：注册资本是企业期望投资的资本，但不一定实际投资到位了，而实收资本是企业实际收到的投资款。

问题点 7　账本印花税如何缴纳？

现在财务都使用财务软件，实现无纸化财务记账，如何缴纳账本印花税？

【解析】

印花税中，除实收资本要缴纳印花税外，还包括企业建立账本所需要的贴花。这里所讲的账本贴花就是指企业每年新建的账本，每本账要交 5 元的印花税。很多企业不知道要交账本印花税。小企业一般要交 4 ~ 5 本账本的印花税，一个总账、一个明细账、一个现金日记账、一个银行日记账。

【结论】

企业用的是财务软件，所有账都记在财务软件中，但是企业每年的账本都要打印出来，按照年度进行装订，所以也要购买账本印花税。

问题点 8 应税凭证如何申报缴纳印花税?

企业一般重视主营业务所涉及的应税凭证申报缴纳印花税，如商贸企业比较重视购销合同印花税，房地产企业比较重视商品销售合同印花税，运输企业比较重视运输合同印花税，但是对于其他应税凭证往往不申报印花税。

【解析】

案例分析：

1. 是否所有合同均是印花税应纳税凭证?

案例：广州市 A 公司与 C 会计师事务所签订审计以及咨询义务合同书，合同金额为 100 万元。当月与 B 电视台签订广告播放委托书，委托书金额为 200 万元。A 公司就上述 300 万元全部申报缴纳了印花税。

分析：《中华人民共和国印花税暂行条例》第一条规定，在中华人民共和国境内书立、领受本条例所列举凭证的单位和个人，都是印花税的纳税义务人，应当按照本条例规定缴纳印花税。因此，未在《中华人民共和国印花税暂行条例》2011 年版列举范围内的应税凭证不应当缴纳印花税，即上述审计以及咨询义务合同不应缴纳印花税。因此，上述广告播放委托书应当缴纳印花税。

2. 境内企业是否要为境外企业代扣代缴印花税?

案例：境外 B 公司与中国境内 A 公司在境内签订一份非专利技术转让合同，B 公司以 2000 万元的价格将该非专利权转让给 A 公司，境内 A 公司按“产权转移书据”税目缴纳了印花税，同时为 B 公司“代扣代缴”了印花税并将该笔支出计入管理费用。

分析：根据《国家税务总局关于对技术合同征收印花税问题的通知》（国税地字〔1989〕34 号）的规定，专利申请权转让、非专利技术转让所书立的合同，适用“技术合同”税目，不应当按照“产权转移书据”税目缴纳印花税。

并且，目前印花税相关文件并未明确境内企业有为境外企业代扣代缴印花税的义务，在办理境外企业印花税申报缴纳时，境外企业应当办理临时税务登记以缴纳印花税。如果境内企业为境外企业“代扣代缴”印花税，可能会导致境外企业未履行印花税的申报缴纳义务，同时境内企业代扣代缴的印花税也不能作为企业所得税的扣除项目扣除。

3. 错缴多缴的印花税能否退还？

案例：A 企业在对一份购销合同开展印花税申报的时候，将合同金额 1900 万元错输入为 19000 万元，导致多缴印花税 51300 元，到税务机关申请印花税退税。

分析：有观点认为，《中华人民共和国印花税暂行条例施行细则》第二十四条规定，凡多贴印花税票者，不得申请退税或者抵用。因此，上述案例中的 51300 元不应当办理退税。

其实不然，《中华人民共和国印花税暂行条例》第五条规定，印花税实行由纳税人根据规定自行计算应纳税额，购买并一次贴足印花税票的缴纳办法。为简化贴花手续，应纳税额较大或者贴花次数频繁的，纳税人可向税务机关提出申请，采取以缴款书代替贴花或者按期汇总缴纳的办法。《中华人民共和国印花税暂行条例施行细则》第二十一条规定，一份凭证应纳税额超过 500 元的，应当由纳税人向经管税务机关申请填写缴款书或者完税证代替贴花。显然，《中华人民共和国印花税暂行条例施行细则》第二十四条是指采用贴花缴纳印花税的情况，本案例采用缴款书缴纳印花税，不适用第二十四条的规定，因此上述案例中的51300元可以办理退税。

4. 如何办理印花税核定征收手续？

案例：A工业企业自2010年以来，按照销售收入和采购金额合计数的75%作为计税基础，缴纳购销合同涉及的印花税。2016年，稽查局对其开展税务检查时发现，该企业无法提供税务机关对其进行核定征收的证明文件。

分析：《国家税务总局关于进一步加强印花税征收管理有关问题的通知》（国税函〔2004〕150号）规定，地方税务机关核定征收印花税，应向纳税人发放核定征收印花税通知书，注明核定征收的计税依据和规定的税款缴纳期限。企业不能自行开展印花税的核定征收，而是需要经税务机关审核或者直接核定等程序，并持相应通知书方能开展印花税的核定征收。

5. 办理印花税按期汇总缴纳有哪些注意事项？

案例：A工业企业生产规模较大，每月都要签订大量的商品买卖合同，需要频繁贴花。企业财务林某参照其他税种申报的要求，在没有审批或者备案的情况下，每月汇总计算当月应缴纳的印花税，然后每月15日之前在“非核定税种申报”界面作了申报。

分析：《中华人民共和国印花税暂行条例》第七条规定，应纳税凭证应当于书立或者领受时贴花。因此，未执行按期汇总缴纳印花税的企业，其印花税的纳税期限不能参照其他税种按月申报。

《财政部、国家税务总局关于改变印花税按期汇总缴纳管理办法的通知》（财税〔2004〕170号）规定，同一种类应纳税凭证，需频繁贴花的，纳税人可以根据实际情况自行决定是否采用按期汇总缴纳印花税的方式。汇总缴纳的期限为一个月。采用按期汇总缴纳方式的纳税人应事先告知主管税务机关。缴纳方式一经选定，一年内不得改变。在具体执行上，各地都制定了相应的管理办法，对于纳税人“告知主管税务机关”的方式及登记程序等均作了明确规定。如果纳税人选择按期汇总缴纳印花税，应按照当地税务机关确定的相关程序及时“告知”税务机关，不能在税务机关未做好相关“登记”就自行采用该方式。

6. 集团公司统一购买印花税票可否分给各下属子公司使用？

案例：某甲集团公司总部在广州，有若干子公司分布在华南地区，集团财务人员为了集中管理的便利，统一购买印花税票，分发给下属的子公司使用，并将全部费用列入集团的管理费用。

企业购买印花税票一般都是即办事项，是不需要税源管理部门审批的。因此，有时候会导致集团企业购买过多印花税票并私下分派给子公司使用的情况出现。《中华人民共和国印花税暂行条例》第一条规定，在中华人民共和国境内书立、领受本条例所列举凭证的单位和个人，都是印花税的纳税义务人，应当按照本条例规定缴纳印花税。此外，《中华人民共和国企业所得税法》第十条规定：“计算应纳税所得额时，下列支出不得扣除：……（八）与取得收入无关的其他支出。”根据上述规定，各子公司如有书立、领受应税凭证的行为，即为印花税的纳税义务人，应按规定缴纳印花税。子公司为独立的法人实体，集团公司为子公司承担的印花税是与取得收入无关的其他支出，需要调增应纳税所得额。

【结论】

企业在经济活动中发生的经济凭证种类繁多，我国目前只对《中华人民共和国印花税暂行条例》列举的凭证征收印花税。在申报过程中，要注意区分是否有属于征税范围的凭证而没有申报，或不属于征税范围的凭证而误申报的情况。例如，技术咨询合同，是合同当事人就有关项目的分析、论证、评价、预测和调查订立的技术合同，而一般的法律、会计、审计等方面的咨询不属于技术咨询，其所订立的合同不缴纳印花税。

此外，要注意因税收政策变动而导致征免的调整。例如，根据《财政部、国家税务总局关于印花税若干政策的通知》（财税〔2006〕162号）的规定，为适应经济形势发展变化的需要，对土地使用权出让合同、土地使用权转让合同按照产权转移书据征收印花税。

问题点9 合同怎样签订才最省印花税？

【解析】

案例分析：

合同签订方式一：

上海斐乐技术有限公司与福州电器销售公司签订了一份电器购销合同，在合同中注明的货物含税金额总计11700万元。

购销合同印花税的计税依据为：以合同所载金额（即含税金额）作为印花税的计税依据。

应纳印花税 = 11700万元 × 0.03% = 35100元

合同签订方式二：

上海斐乐技术有限公司与福州电器销售公司签订了一份电器购销合同，在合同中注明的货物不含税金额10000万元，增值税额1700万元。

购销合同印花税的计税依据为：以不含税金额作为印花税的

计税依据。

应纳印花税 = 10000 万元 × 0.03% = 30000 元

比第一种合同签订方式节省印花税 = 35100 元 − 30000 元 = 5100 元

【结论】

对于按合同金额计征印花税的情形下，分为三种情况：

（1）如果购销合同中只有不含税金额，以不含税金额作为印花税的计税依据；

（2）如果购销合同中既有不含税金额又有增值税金额，且分别记载的，以不含税金额作为印花税的计税依据；

（3）如果购销合同所载金额中包含增值税金额，但未分别记载的，以合同所载金额（即含税金额）作为印花税的计税依据。

问题点 10　“三证合一”后如何缴印花税？

“三证合一”或者“五证合一”更换了营业执照，对更换后的营业执照是否进行贴花，很多会计认为变更前的营业执照已经贴完，无须再贴花。

【解析】

《中华人民共和国印花税暂行条例》第二条规定，下列凭证为应纳税凭证：

（一）购销、加工承揽、建设工程承包、财产租赁、货物运输、仓储保管、借款、财产保险、技术合同或者具有合同性质的凭证；

（二）产权转移书据；

（三）营业账簿；

（四）权利、许可证照；

（五）经财政部确定征税的其他凭证。

在印花税税目税率表中同时规定工商营业执照按照权利、许可证照税目每件5元征收印花税。

【结论】

《国家税务局、国家工商行政管理局关于营业执照、商标注册证粘贴印花税票问题的通知》（〔89〕国税地字第113号）第五条规定："对因各种原因更换营业执照正本和商标注册证的，均视为新领营业执照正本和商标注册证，应按规定纳税。"

如果不缴印花税，该纳税人将面临处罚，根据《中华人民共和国税收征收管理法》第六十四条第二款规定："纳税人不进行纳税申报，不缴或者少缴应纳税款的，由税务机关追缴其不缴或者少缴的税款、滞纳金，并处不缴或者少缴的税款百分之五十以上五倍以下的罚款"。

问题点11 印花税计税贴花误区

【误区一】

所有的合同都要贴印花税。

【解析】

《中华人民共和国印花税暂行条例实施细则》规定，印花税只对税目税率表中列举的凭证和经财政部确定征税的其他凭证征税。

【结论】

印花税的征收范围采用列举的方式，没有列举的凭证，无须贴花。比如，招聘合同、审计合同、委托代理合同（凡仅明确代理事项、权限和责任的）等无须贴花。

【误区二】

没有履行的合同就不要贴花。

【解析】

根据《中华人民共和国印花税暂行条例》及其实施细则的规定，应纳税凭证应当于合同的签订时、书据的立据时、账簿的启用时和证照的领受时贴花。

【结论】

不论合同是否兑现或能否按期兑现，都一律按规定贴花。

【误区三】

合同签订时无法确定金额不需要贴花。

【解析】

根据《国家税务总局关于印花税若干具体问题的规定》（〔88〕国税地字第 025 号）的规定，有些合同在签订时无法确定计税金额，可在签订时先按定额 5 元贴花，以后结算时再按实际金额计税，补贴印花。上述签订时无法确定计税金额的合同，都应在签订时先按定额 5 元贴花，待结算后按实际金额补贴印花。

【结论】

有些合同在签订时无法确定计税金额，可在签订时先按定额 5 元贴花，以后结算时再按实际金额计税，补贴印花。

【误区四】

未签订购销合同不需要缴纳印花税。

【解析】

《国家税务总局关于印花税若干具体问题的解释和规定的通知》（国税发〔1991〕155 号）进一步明确，对工业、商业、物资、外贸等部门使用的调拨单（或其他名称的单、卡、书、表等）凡属于明确双方供需关系，据以供货和结算，具有合同性质的凭证，应按规定贴花。另《国家税务总局关于货运凭证征收印花税几个具体问题的通知》（国税发〔1990〕173 号）第一条关于应税凭证确定规定，在货运业务中，凡是明确承、托运双方业务关系的运输单据均属于合同性质的凭证。

【结论】

只要具有合同性质的购销往来凭证，要素虽不完全但明确了双方主要权利、义务，就应按规定贴花。鉴于目前各类货运业务使用的单据不够规范统一，不便计税贴花，为了便于征管，现规定以运费结算凭证作为各类货运的应税凭证。

【误区五】

实收资本需要年年缴纳印花税。

【解析】

根据《国家税务总局关于印花税若干具体问题的规定》（国税地字〔1988〕25 号）的规定，凡是记载资金的账簿，启用新账时，资金未增加的，不再按件定额贴花。

【结论】

公司每年更换资金账簿时，如果“实收资本”和“资本公积”两项的合计金额有增加，则增加额贴花；如果没有增加，则不需要缴纳该年度资金账簿的印花税，也不需要按 5 元定额贴花。

【误区六】

发现实收资本增加就要缴纳印花税。

【解析】

实收资本和资本公积合计数发生增加，就增加部分计税贴花，如企业在发生资本变更如新增资本、盈余公积转增注册资本等的情况下，应主动向税务机关缴纳相应的印花税，如企业仅发生资本公积金转增注册资本发生资本变更就不需要缴纳印花税，还有发生减资后的增资也不一定要缴纳印花税。

某企业会计问：2013 年，我公司成立时注册资本为 100 万元并依法缴纳了印花税，2014 年 2 月公司减资 20 万元，2015 年 1 月企业再增资 30 万元，也就是说公司现在的注册资本为 110 万元。我公司应当按 10 万元还是 30 万元缴纳印花税？

根据《中华人民共和国印花税暂行条例施行细则》第八条的规定，记载资金的账簿贴花后，以后年度资金总额比已贴花资金总额增加的，增加部分应按规定贴花。

【结论】

若该企业确有证据证明 2013 年已按 100 万元缴纳过印花税，那么 2015 年增资时只需按 10 万元缴纳印花税。

【误区七】

企业注册资本未认缴要缴印花税。

【解析】

根据《中华人民共和国印花税暂行条例》和《国家税务总局关于资金账簿印花税问题的通知》（国税发〔1994〕25 号）的规定，对记载资金的账簿，应按实收资本和资本公积的合计金额万分之五贴花。

【结论】

如企业并未实际认缴出资，会计账簿上无记载实收资本和资本公积的金额，则不需要缴纳印花税。

问题点12 驾驶入学培训合同是否需按“技术培训合同”贴花?

驾驶培训学校每一位驾驶学员都与驾驶培训学校签订了一份《学员入学合同》，合同明确了双方权利、义务和责任，收费标准等事项，这类培训入学合同是否按照“技术培训合同”征收印花税?

【解析】

根据《国家税务总局关于对技术合同征收印花税问题的通知》(〔89〕国税地字第034号)的规定，技术服务合同的征税范围包括：技术服务合同、技术培训合同和技术中介合同。技术服务合同是当事人一方委托另一方就解决有关特定技术问题，如为改进产品结构、改良工艺流程、提高产品质量、降低产品成本、保护资源环境、实现安全操作、提高经济效益等，提出实施方案，实施所订立的技术合同。以常规手段或者为生产经营目的进行一般加工、修理、修缮、广告、印刷、测绘、标准化测试以及勘察、设计等所书立的合同，不属于技术服务合同。技术培训合同是当事人一方委托另一方对指定的专业技术人员进行特定项目的技术指导和专业训练所订立的技术合同。

【结论】

对各种职业培训、文化学习、职工业余教育等订立的合同，不属于技术培训合同，不需要征收印花税。驾驶入学培训合同不属于技术培训合同，不征收印花税。

问题点 13　地震安全性评价合同是否按技术咨询合同缴纳印花税?

【解析】

在《国家税务总局关于对技术合同征收印花税问题的通知》(〔89〕国税地字第 034 号)中规定，技术咨询合同是当事人就有关项目的分析、论证、评价、预测和调查订立的技术合同。有关项目包括：(1) 有关科学技术与经济、社会协调发展的软科学研究项目；(2) 促进科技进步和管理现代化，提高经济效益和社会效益的技术项目；(3) 其他专业项目。对属于这些内容的合同，均需按照“技术合同”税目的规定计算印花税。

【结论】

根据〔89〕国税地字第 034 号中的规定，地震安全性评价合同，应当理解为“其他专业项目”的分析、论证、评估、预测和调查签订的技术合同，因此，需要按照技术咨询合同贴花。

二、房产税

问题点 1　哪些配套设施应并入房产原值缴纳房产税?

【解析】

根据《国家税务总局关于进一步明确房屋附属设备和配套设施计征房产税有关问题的通知》(国税发〔2005〕173 号)的规定：“ 一、为了维持和增加房屋的使用功能或使房屋满足设计要求，凡以房屋为载体，不可随意移动的附属设备和配套设施，如给排水、采暖、消防、中央空调、电气及智能化楼宇设备等，无论在会计核算中是否单独记账与核算，都应计入房产原值，计征房产税。

二、对于更换房屋附属设备和配套设施的，在将其价值计入房产原值时，可扣减原来相应设备和设施的价值；对附属设备和配套设施中易损坏、需要经常更换的零配件，更新后不再计入房产原值。”

【结论】

凡以房屋为载体，不可随意移动的附属设施和配套设施，如给排水、采暖、消防、中央空调、电气及智能化楼宇设备等，都应计入房产原值，计算缴纳房产税。

问题点 2　新建办公楼的装修费用，如何缴纳房产税？

某企业，新建了一栋办公楼并进行豪华装修，装修费用单独核算。该企业发生的这笔装修费用是否需要并入房产原值计算缴纳房产税？

【解析】

根据《国家税务总局关于进一步明确房屋附属设备和配套设施计征房产税有关问题的通知》（国税发〔2005〕173 号）的规定：“一、为了维持和增加房屋的使用功能或使房屋满足设计要求，凡以房屋为载体，不可随意移动的附属设备和配套设施，如给排水、采暖、消防、中央空调、电气及智能化楼宇设备等，无论在会计核算中是否单独记账与核算，都应计入房产原值，计征房产税。

二、对于更换房屋附属设备和配套设施的，在将其价值计入房产原值时，可扣减原来相应设备和设施的价值；对附属设备和配套设施中易损坏、需要经常更换的零配件，更新后不再计入房产原值。”

如果房屋装修过程中不涉及上述列明的房屋附属设施和配套设施，仅是装饰性的，则不需要并入。

【结论】

新建房屋初次装修费用应计入房产原值征收房产税。对新建房屋进行首次（无论购置时间多长，只要是第一次）装修中，凡属于房屋不可分割的吊顶、高档灯具、墙饰、地砖、门窗等投资，不论其账务如何处理，一律并入房产原值征收房产税。

很多人认为家具不应当并入房产的原值来计征房产税，因为家具是可以移动的，这种说法是没有问题的。但是我们也不能一概而论，应当具体问题具体分析。如果其不是成品家具，而是定制家具，其特点是以你们家的尺寸来定做的，那么这个家具即便是可以移动的，也应当并入房产的原值来缴纳房产税。因为这个家具只能在你们家用，别人家是用不了的，如果移动的话会使其价值有明显的减损，所以说定制家具是应当并入房产原值来缴纳房产税的。

问题点 3　旧房重新装修、改建、扩建支出是否计入房产原值征收房产税?

【解析】

首先，从建筑学上来看，房屋大修是在房屋发生破损，影响安全的前提下发生的，而房屋的改建、扩建或者重新装修是为了提高和改善房屋的功能和结构而进行的。

其次，从会计核算上来看，房屋的大修通常不需要改变房屋的原值；而房屋的装修、改建、扩建通常需要增加房屋的原值；固定资产的更新改造、装修修理等后续支出，如果使可能流入企业的经济利益超过了原先估计，如延长了固定资产的使用寿命，或者使产品质量实质性提高、产品成本实质性降低，则应当计入固定资产账面价值。除此之外的后续支出，应当确认为当期费用。

最后，从税收政策规定来看，《国家税务总局关于进一步明确房屋附属设备和配套设施计征房产税有关问题的通知》（国税发〔2005〕173 号）规定："一、为了维持和增加房屋的使用功能或使房屋满足设计要求，凡以房屋为载体，不可随意移动的附属设备和配套设施，如给排水、采暖、消防、中央空调、电气及智能化楼宇设备等，无论在会计核算中是否单独记账与核算，都应计入房产原值，计征房产税。二、对于更换房屋附属设备和配套设施的，在将其价值计入房产原值时，可扣减原来相应设备和设施的价值；对附属设备和配套设施中易损坏、需要经常更换的零配件，更新后不再计入房产原值。"

因此，旧房重新装修，涉及国税发〔2005〕173 号列明的房屋附属设施和配套设施的更换，则无论会计上如何核算，都要并入房产原值缴纳房产税；如果房屋装修过程中不涉及上述列明的房屋附属设施和配套设施的更换，仅是装饰性的普通装修，这些费用是否计入房产价值应根据会计相关规定来判断。

地方政策参考：

根据《吉林省地方税务局关于明确房产税土地使用税有关政策的通知》（吉地税发〔2006〕42 号）的规定，"三、关于房屋装修费用计入房屋原值征收房产税问题

一、

……对旧房重复装饰装修的投资额，按现行会计制度规定，凡计入固定资产科目，增加房产原值的，征收房产税，未增加房产原值的，不征收房产税。”

【结论】

房屋重新装修、改建、扩建完工后，房屋改建、扩建支出应该计入房产原值，按新的计税依据重新计算纳税。

问题点4 对租入房产进行装修，如何计征房产税？

【解析】

对于租入房屋的装修支出，根据企业会计准则和企业所得税法有关精神，如由承租人承担有关装修费用，作为承租企业的“长期待摊费用”，未计入出租方的房屋原值，所发生的装修支出可以不缴纳房产税。

【结论】

对于租入房屋由承租人承担的装修费用，所发生的装修支出部分不缴纳房产税。

问题点5 融资租赁房屋装修、改扩建发生的费用是否缴纳房产税？

【解析】

《财政部、国家税务总局关于房产税城镇土地使用税有关问题的通知》（财税〔2009〕128 号）第三条规定，融资租赁的房产，由承租人自融资租赁合同约定开始日的次月起依照房产余值缴纳房产税。合同未约定开始日的，由承租人自合同签订的次月起依照房产余值缴纳房产税。

【结论】

对于融资租赁的房屋进行装修、改扩建发生的费用，视同自有房产，并入房产原值，计算缴纳房产税。

问题点 6 契税、耕地占用税是不是房产税的计税基础？

【解析】

根据《中华人民共和国企业所得税法实施条例》第五十八条的规定，固定资产按照以下方法确定计税基础：

（一）外购的固定资产，以购买价款和支付的相关税费以及直接归属于使该资产达到预定用途发生的其他支出为计税基础；

……

因此，契税和耕地占用税应当作为固定资产的计税基础，计入会计账簿“固定资产”科目中（或无形资产），房产税的房产原值是按照会计科目中记载的价值确定的。

《财政部、国家税务总局关于安置残疾人就业单位城镇土地使用税等政策的通知》（财税〔2010〕121 号）规定，对按照房产原值计税的房产，无论会计上如何核算，房产原值均应包含地价，包括为取得土地使用权支付的价款、开发土地发生的成本费用等。

【结论】

企业购置土地产生的契税、耕地占用税并入房产原值计算缴纳房产税。

问题点7　减免的土地出让金是否需要缴纳房产税?

某企业以出让方式取得一块国有土地的使用权，政府减免了一部分土地出让金。减免的土地出让金是否需要并入房产原值缴纳房产税?

【解析】

现实中，应当区分两种情况：

1. 先征后返（通常）

按照会计准则的规定，此属于政府补助，一次或分次计入“营业外收入”。通常在这种情况下，企业按照全额先缴纳土地出让金，发票金额为全额，账务处理上支付的土地出让金全额确认或者结转相关资产价值，因此，应按照全额作为计算企业所得税或者房产税时的计税基础，而收到的减免部分作为一项营业外收入。

2. 直接减免

按照《中华人民共和国企业所得税法实施条例》第六十六条的规定，无形资产按照以下方法确定计税基础：（一）外购的无形资产，以购买价款和支付的相关税费以及直接归属于使该资产达到预定用途发生的其他支出为计税基础……

《财政部、国家税务总局关于安置残疾人就业单位城镇土地使用税等政策的通知》（财税〔2010〕121号）第三条关于将地价计入房产原值征收房产税问题中规定，对按照房产原值计税的房产，无论会计上如何核算，房产原值均应包含地价，包括为取得土地使用权支付的价款、开发土地发生的成本费用等。

因此，在直接减免情形下，减免的土地出让金部分不构成计算房产税时的计税基础。

【结论】

先征后返应按照全额作为计算企业所得税或者房产税时的计税基础。在直接减免情形下，减免的土地出让金部分不构成计算房产税时的计税基础。

问题点 8　商场的柜台出租收取的租金是否应当缴纳房产税，若缴纳应如何缴纳？

【解析】

商场出租的柜台不属于房产，不应当缴纳房产税。那么是不是这个商场就不用缴纳房产税？答案也是否定的。虽然每个柜台不属于房产，但是整个商场却构成了一处房产，应当把整个商场的房产价值，按照房产余值来计征房产税，出租柜台部分的价值不应当从中剔除。

【结论】

商场收取的柜台租金不应当作为计算房产税的依据，不缴纳房产税。

问题点 9　房屋的屋顶墙面出租，用于广告的是否缴纳房产税？

【解析】

这个问题实际上就是判定出租的到底是不是房屋，请问房屋的屋顶和墙面是房吗？显然不是。

【结论】

房屋的屋顶墙面出租用于广告所收取的租金是不缴纳房产税的。但是需要注意的一点是，房屋的屋顶墙面出租用于广告的增值税是按照不动产租赁 10% 的税率来缴纳的。

问题点 10　未竣工结算，但是已经使用的房产，应当怎样来缴纳房产税？

【解析】

未竣工结算前已经使用的房产，应当自交付使用之次月起缴纳房产税。对于未竣工结算的，国家税务总局是没有规定如何来计征房产税的，也没有规定预算价值和竣工决算价值之间的差额如何来处理。所以各地的税务机关执行的口径是略有不同的。在实务中，大多数地区都是按照预算价值或者计划价值来缴纳房产税的，对于决算完毕以后，预算和决算的差额部分需不需要补税和退税，大多数地区采用的是不退也不补的政策。

【结论】

未竣工结算的房产使用的，按照预算价值或计划价值来缴纳房产税，应当自交付使用的次月起缴纳房产税，等竣工决算时，预算和决算的差额部分大部分地区采取不退税也不补税的政策。

问题点 11 出租房产一次性收取了三年的租金，房产税应当是在收取的时候一次性缴纳的，还是分期来缴纳的？

【解析】

关于一次性收取若干年租金这种情况，增值税和企业所得税，国家税务总局都是有明文规定的。增值税纳税义务发生时间为收到预收款的当天，也就是一次性缴纳。只有其他个人，也就是自然人，一次性收取的租金可以分摊到所属的月份，同时可以享受月收入不超过 3 万元免征增值税的税收优惠。企业所得税如果是提前一次性支付的，应当按照配比原则分摊到相关年度。但是房产税对于如何征收却没有明文的规定，各地的操作也是不太一样的。对于提前一次性收取若干年房租的房产税问题，我们可以参考一个地方性文件的规定，根据《大连市地方税务局关于进一步明确出租房屋房产税相关规定的公告》（大连地税公告〔2011〕5 号）的规定，房产税的计税依据为合同约定的租金收入，在合同约定的租赁期限内分月摊销的价值，由房屋产权人根据房屋的租金收入按月计算缴纳当月的房产税，凡到税务机关代开发票的出租房屋纳税人，应当在税务机关代开发票时，按照代开发票的金额一次性缴纳房产税。

【结论】

即查账征收的分期缴纳，代开发票的一次性缴纳。

问题点 12　酒店改建酒店式公寓期间是否需要缴纳房产税?

郑州某房地产企业，购买了一家酒店，准备将酒店改造成酒店式公寓，并在立项改扩建后分户出租或出售，在出售或出租前是否要按照购买金额缴纳房产税?

【解析】

《国家税务总局关于房产税、城镇土地使用税有关政策规定的通知》（国税发〔2003〕89 号）规定，鉴于房地产开发企业开发的商品房在出售前，对房地产开发企业而言是一种产品，因此，对房地产开发企业建造的商品房，在售出前，不征收房产税；但对于售出前房地产开发企业已使用或出租、出借的商品房应按照规定征收房产税。

【结论】

房地产企业购买酒店后目的是开发，而不是用于经营，从立项改扩建的次月起，停止征收房产税。

问题点 13　单独核算的室外游泳池及绿化景观是否缴纳房产税?

【解析】

《财政部、国家税务总局关于房产税、城镇土地使用税有关问题的通知》（财税〔2008〕152 号）第一条规定，对依照房产原值计征税的房产，不论是否记载在会计账簿固定资产科目中，均应按照房屋原价计算缴纳房产税。房屋原价应根据国家有关会计制度规定进行核算。对纳税人未按国家会计制度规定核算并记载的，应按规定予以调整或重新评估。

《国家税务总局关于进一步明确房屋附属设备和配套设施计征房产税有关问题的通知》（国税发〔2005〕173号）规定，为了维持和增加房屋的使用功能或使房屋满足设计的要求，凡以房屋为载体，不可随意移动的附属设备和配套设施，如给排水、采暖、消防、中央空调、电气及智能化楼宇设备等，无论在会计核算中是否单独记账与核算，都应计入房产原值，计征房产税。对于更换房屋附属设备和配套设施的，在将其价值计入房产原值时，可扣减原来相应设备和设施的价值；对附属设备和配套设施中易损坏、需要经常更换的零配件，更新后不再计入房产原值。

《关于固定资产进项税额抵扣问题的通知》（财税〔2009〕113号）规定，以建筑物或构筑物为载体的附属设备和配套设施，无论在会计处理上是否单独记账与核算，均应作为建筑物或构筑物的组成部分，其进项税额不得在销项税中抵扣。附属设备和配套设施是指：给排水、采暖、卫生、通风、照明、通讯、煤气、消防、中央空调、电梯、电气及智能化楼宇设备和配套设施。

关于房屋的理解，《财政部、国家税务总局关于房产税和车船使用税问题的解释与规定》（财税地字〔1987〕003号）解释为：房产是以房屋形态表现的财产。房屋是指由屋面和围护结构（有墙或两边有柱），能遮风避雨，可供人们在其中生产、工作、学习、娱乐、居住或储藏物资的场所。独立于房屋之外的建筑物，如围墙、烟囱、水塔、变电塔、油池油柜、酒窖菜窖、酒精池、糖蜜池、室外游泳池、玻璃暖房、砖瓦石灰窑以及各种油气罐等，不属于房产。

【结论】

室外绿化景观及室外游泳池属于独立于房屋之外的建筑物，不征收房产税。只有与房屋相连不可分割的附属设施（如中央空调）及配套设施（走廊等）需要并入房产原值征收房产税。

问题点 14　物业管理用房是否征收房产税？

【解析】

关于居民住宅区内业主共有的经营性房产缴纳房产税的问题，《财政部、国家税务总局关于房产税、城镇土地使用税有关问题的通知》（财税〔2006〕186 号）规定，对于居民住宅区内业主共有的经营性房产，由实际经营（包括自营和出租）的代管人或使用人缴纳房产税。其中自营的，依照房产原值扣除 10% ~30% 后的余值计征，没有房产原值或不能将业主共有房产与其他房产的原值准确划分开的，由房产所在地地方税务机关参照同类房产原值出租的，依照租金收入计征。

【结论】

物业管理办公室经营性房产，不征收房产税。如果小区内有会所，且该会所由物业公司（增加经营范围）用于从事商品零售、餐饮服务的，从价计征。物业公司将会所出租的，从租计征。

问题点 15　如何签订“免租期”最省房产税？

2017 年，A 企业租赁房屋给 B 企业，该房屋原值 3000 万元，租赁期 3 年，第一年为免租期，后面两年每年租金 150 万元，2018 年一次性收取了 2 年的租金 300 万元。

【解析】

房屋租赁合同普遍存在“免租期”条款，尤其是商业地产的商铺租赁，由于需要装修或者商业环境的培养，在此期间租户没有正式开业，出租方通常会给予一定期限的免租金优惠。

《财政部、国家税务总局关于安置残疾人就业单位城镇土地使用税等政策的通知》（财税〔2010〕121 号）第二条规定，对出租房产，租赁双方签订的租赁合同约定有免收租金期限的，免收租金期间由产权所有人按照房产原值缴纳房产税。

为此，“免租期”内由 A 企业按照房产原值缴纳房产税。

A 企业缴纳的房产税为：

免租期内 3000 万元 ×（1 − 30%）×1.2% = 25.2 万元

免租期外 300 万元 ×12% = 36 万元

【结论】

如果在租赁合同中不约定“免租期”条款，只约定租赁期三年，三年的租金为 300 万元，A 企业就可以节约房产税 25.2 万元。

问题点 16　施工现场“临建用房”是否需要缴纳房产税？

嘉诚建筑公司在湖北武汉承建了一项道路施工项目，为了便于工程施工的开展，在施工现场建设了临时用房，用于办公、住宿、食堂等用途。

那么嘉诚公司施工现场的临时性房屋，是否需要缴纳房产税？

【解析】

《财政部、税务总局关于房产税若干具体问题的解释和暂行规定》（财税地字〔1986〕8号）第二十一条规定，凡是在基建工地为基建工地服务的各种工棚、材料棚、休息棚和办公室、食堂、茶炉房、汽车房等临时性房屋，不论是施工企业自行建造还是由基建单位出资建造交施工企业使用的，在施工期间，一律免征房产税。

【结论】

嘉诚公司施工现场的临时性房屋，在施工期间，免征房产税，如果在基建工程结束以后，施工企业将这种临时性房屋交还或者估价转让给基建单位的，应当从基建单位接收的次月起，依照规定征收房产税。

问题点17　个人名义的房产变为公司名义是否缴纳房产税与城镇土地使用税？

甲公司（深圳）购买上海一套房产（该房产是在拍卖网上买的），这个房产以前是个人名义的，现在变为公司名义，甲公司是否该交房产税与土地使用税？

【解析】

《城镇土地使用税暂行条例》第二条规定，在城市、县城、建制镇、工矿区范围内使用土地的单位和个人，为城镇土地使用税的纳税人，应当依照本条例的规定缴纳土地使用税。

《国家税务总局关于房产税、城镇土地使用税有关政策规定的通知》（国税发〔2003〕89号）第二条第（二）项规定，购置存量房，自办理房屋权属转移、变更登记手续，房地产权属登记机关签发房屋权属证书之次月起计征房产税和城镇土地使用税。

根据上述规定，企业购买的房产，属于企业所有，若不符合其他相关免征土地使用税规定的，应自办理房屋权属转移、变更登记手续，房地产权属登记机关签发房屋权属证书之次月起缴纳房产税、城镇土地使用税。

【结论】

这个房产如果在土地使用税的开征区域内，是需要缴纳房产税与土地使用税的。

购置存量房，自办理房屋权属转移、变更登记手续，房地产权属登记机关签发房屋权属证书之次月起计征房产税和土地使用税。

问题点 18　6 大不同形式的“车库、车位”，如何缴纳房产税?

（1）某小区地下人防工程车位，开发商以“拥有长期使用权”的形式，销售给小区业主。

那么，对于地下人防工程车位，是否需要按规定缴纳房产税？由谁来缴？

【解析】

《中华人民共和国人民防空法》第二十二条规定，城市新建民用建筑，按照国家有关规定修建战时可用于防空的地下室。

根据《财政部、国家税务总局关于具备房屋功能的地下建筑征收房产税的通知》（财税〔2005〕181 号）的相关规定，凡在房产税征收范围内的具备房屋功能的地下建筑，包括与地上房屋相连的地下建筑以及完全建在地面以下的建筑、地下人防设施等，均应当依照有关规定征收房产税。上述具备房屋功能的地下建筑是指有屋面和维护结构，能够遮风避雨，可供人们在其中生产、经营、工作、学习、娱乐、居住或储藏物资的场所。出租的地下建筑，按照出租地上房屋建筑的有关规定计算征收房产税。

根据财税〔2005〕181 号文相关规定，地下人防设施也应按相关规定缴纳房产税。

【结论】

人防工程车位，虽然开发商不拥有产权，不得出售，但开发商将地下人防车位以“拥有长期使用权”的形式，销售给小区业主，实际上是一种租赁行为，应按取得的“销售”收入（即出租地下建筑物收入）缴纳房产税，适用 12% 的税率。

同理，商场、写字楼等地下人防工程车位，如果以收取停车费的形式对外提供停车，也应按取得的“停车”收入（即出租地下建筑物收入）缴纳房产税，适用 12% 的税率。

（2）某小区地下车位，开发商在销售商品房的同时，一同进行了销售，而且办理了产权证。

那么，对于地下拥有产权的车位，是否需要按规定缴纳房产税？由谁来缴？

【解析】

根据财税〔2005〕181 号相关规定，凡在房产税征收范围内的具备房屋功能的地下建筑，包括与地上房屋相连的地下建筑以及完全建在地面以下的建筑、地下人防设施等，均应当依照有关规定征收房产税。上述具备房屋功能的地下建筑是指有屋面和维护结构，能够遮风避雨，可供人们在其中生产、经营、工作、学习、娱乐、居住或储藏物资的场所。出租的地下建筑，按照出租地上房屋建筑的有关规定计算征收房产税。

【结论】

地下车位属于房产中储藏物资的场所，属于房产，房产所有人应按相关规定缴纳房产税。

如果车位为业主个人购买，根据《中华人民共和国房产税暂行条例》相关规定，个人所有非营业用的房产，免纳房产税。

如果车位为企业购买，且拥有产权，根据财税〔2005〕181号相关规定，对于与地上房屋相连的地下建筑，如房屋的地下室、地下停车场、商场的地下部分等，应将地下部分与地上房屋视为一个整体，按照地上房屋建筑的有关规定计算征收房产税，按房产原值一次减除10%~30%后的余值计算缴纳房产税。

（3）某公司自建了一栋办公楼，同时拥有地下车位，该车位主要用于企业员工上班停车之用。

那么，对于企业办公楼下的地下停车位，是否需要按规定缴纳房产税？

【解析】

根据财税〔2005〕181号相关规定，对于与地上房屋相连的地下建筑，如房屋的地下室、地下停车场、商场的地下部分等，应将地下部分与地上房屋视为一个整体，按照地上房屋建筑的有关规定计算征收房产税。

【结论】

企业自建自用的办公楼地下停车位，按房产原值一次减除10%~30%后的余值计算缴纳房产税。

（4）某小区地面规划了部分停车位，物业公司对该部分停车位进行管理，收取停车费。

那么，对于地面的停车位，是否需要按规定缴纳房产税？

【解析】

房屋是指有屋面和围护结构（有墙或两边有柱），能够遮风避雨，可供人们在其中生产、经营、工作、学习、娱乐、居住或储藏物资的场所。

【结论】

很显然，地面停车位不属于房产，不需要缴纳房产税。

（5）某小区一楼为车库，开发商在销售商品房的同时，一同进行了销售，而且办理了产权证。

那么，对于一层拥有产权的车库，是否需要按规定缴纳房产税？

【解析】

根据财税〔2005〕181号相关规定，凡在房产税征收范围内的具备房屋功能的地下建筑，包括与地上房屋相连的地下建筑以及完全建在地面以下的建筑、地下人防设施等，均应当依照有关规定征收房产税。上述具备房屋功能的地下建筑是指有屋面和维护结构，能够遮风避雨，可供人们在其中生产、经营、工作、学习、娱乐、居住或储藏物资的场所。出租的地下建筑，按照出租地上房屋建筑的有关规定计算征收房产税。

【结论】

一楼车库属于房产中储藏物资的场所，属于房产，房产所有人应按相关规定缴纳房产税。

如果车库为业主个人购买，而且未用于经营，根据《中华人民共和国房产税暂行条例》相关规定，个人所有非营业用的房产，免纳房产税。

如果业主个人购买后，用于经营活动（如棋牌室、商店、出租等），均应征收房产税。

如果车位为企业购买，且拥有产权，企业应按房产原值一次减除10%～30%后的余值计算缴纳房产税。

（6）某商业街停车位紧张，嘉诚公司在商业区内建设了一立体车库。

那么，对于嘉诚公司所建设的立体车库，是否需要按规定缴纳房产税？

【解析】

我们来看一下，立体车库是否属于房产？

“房产”是以房屋形态表现的财产。房屋是指有屋面和围护结构（有墙或两边有柱），能够遮风避雨，可供人们在其中生产、经营、工作、学习、娱乐、居住或储藏物资的场所。

很显然，立体车库属于储藏物资的场所，所以属于房产，应按规定缴纳房产税。

【结论】

如果嘉诚公司所建的立体车库，对外提供公共停车，收取停车费，以取得的停车收入为房产税的计税依据，适用12%的税率。

如果嘉诚公司所建的立体车库，用于公司内部停车使用，房产税依照房产原值一次减除10%～30%后的余值计算缴纳，适用1.2%的税率。

三、城镇土地使用税

问题点 1　免税单位无偿使用房产，如何征收房产税、城镇土地使用税？

【解析】

根据《国家税务总局关于印发〈关于土地使用税若干具体问题的补充规定〉的通知》（〔89〕国税地字第 140 号）的规定，“一、关于对免税单位与纳税单位之间无偿使用的土地应否征税问题

对免税单位无偿使用纳税单位的土地（如公安、海关等单位使用铁路、民航等单位的土地），免征土地使用税，对纳税单位无偿使用免税单位的土地，纳税单位应照章缴纳土地使用税。

二、关于对纳税单位与免税单位共同使用多层建筑用地的征税问题

纳税单位与免税单位共同使用共有使用权土地上的多层建筑，对纳税单位可按其占用的建筑面积占建筑总面积的比例计征土地使用税。”

【结论】

免税单位无偿使用纳税单位的土地和房产，按照使用分摊面积，免缴城镇土地使用税；纳税单位无偿使用免税单位的土地，按照使用面积照章缴纳城镇土地使用税。

问题点 2 经营采摘、观光农业的单位是否缴纳城镇土地使用税？

【解析】

《财政部、国家税务总局关于房产税、城镇土地使用税有关政策的通知》（财税〔2006〕186 号）第三条规定，在城镇土地使用税征收范围内经营采摘、观光农业的单位和个人，其直接用于采摘、观光的种植、养殖、饲养的土地，根据《中华人民共和国城镇土地使用税暂行条例》第六条中“直接用于农、林、牧、渔业的生产用地”的规定，免征城镇土地使用税。

【结论】

经营采摘、观光农业的单位，免征城镇土地使用税。度假村和采摘、观光农业在一起，则要分开核算，度假村需要缴纳城镇土地使用税。

问题点 3 取得采矿权是否就矿山缴纳土地使用税？

某公司从政府挂牌拍卖取得建筑用花岗岩采矿权（矿区为山地），并于 2011 年 12 月 20 日取得了采矿证。公司与该市国土资源局等相关部门签订采矿权出让合同，合同约定公司应于成交之日三个月内与矿区的土地使用权人签订土地租赁合同（不得占用耕地），并解决矿区范围内的青苗、地面附着物的补（赔）偿问题。公司已按合同约定签订了土地租赁合同，并支付了青苗与地面附着物的补偿。现税务机关认为公司应就矿山支付土地使用税。

【解析】

根据《关于土地使用税若干具体问题的解释和暂行规定》（国税地字〔1988〕第15号）规定，土地使用税由拥有土地使用权的单位和个人缴纳。

根据《财政部、国家税务总局关于集体土地城镇土地使用税有关政策的通知》（财税〔2006〕56号）规定，在城镇土地使用税征税范围内实际使用应税集体所有建设用地、但未办理土地使用权流转手续的，由实际使用集体土地的单位和个人按规定缴纳城镇土地使用税。

【结论】

公司不拥有土地使用权，公司不是土地使用税的纳税义务人。如果土地使用权出租的，由出租方缴纳。因矿山土地不是建设用地，也不适用财税〔2006〕56号的规定，不征收城镇土地使用税。

问题点4　房改房用地未过户，土地使用权是否缴纳土地使用税？

某公司土地使用权证上注明面积10000平方米，其中包括公司办公楼2000平方米及家属院8000平方米，当初房改时家属院土地已划归个人但没有从公司土地证上进行分割。多年来，地税机关一直以土地证上登记面积计算征收城镇土地使用税，给公司造成极大负担，公司多次申请按照实际使用面积缴纳土地使用税，但税务机关认为应按照土地证面积缴纳（税务机关提出，只有先变更土地证面积，才能按实际使用面积缴纳城镇土地使用税。而变更土地登记证需要在土地部门进行登记变更，操作难度大），对公司房改情况，是否仍必须按照土地使用证上登记的面积缴纳土地使用税？

【解析】

根据《财政部、国家税务总局关于房改房用地未办理土地使用权过户期间城镇土地使用税政策的通知》（财税〔2013〕44 号）规定，应税单位按照国家住房制度改革有关规定，将住房出售给职工并按规定进行核销账务处理后，住房用地在未办理土地使用权过户期间的城镇土地使用税征免，比照各省、自治区、直辖市对个人所有住房用地的现行政策执行。

《关于土地使用税若干具体问题的解释和暂行规定》（国税地字〔1988〕第 15 号）第十八条规定，“个人所有的居住房屋及院落用地”的征免税由省、自治区、直辖市税务局确定。

【结论】

如果公司所在省地税局规定个人住宅用地免征城镇土地使用税，则可享受免税优惠。目前，全国各地对个人住宅用地均免征土地使用税。

问题点 5　企业分立但土地未办理过户，土地使用税由谁列支？

山东省临沂市某植物油生产公司于 2015 年 12 月存续分立成 A 公司（原公司）和 B 公司，将土地内部划转给 B 公司使用，并已办理分立工商变更，不过没有办理土地过户手续，但内部已将土地成本转入 B 公司账务，2016 年土地使用税申报时，仍以 A 公司（原公司）作为纳税主体申报土地使用税，并在 A 公司（原公司）列支了土地使用税。2016 年度企业所得税汇算清缴时，税务机关对土地使用税列支主体产生了疑问，报表反映已经没有这块土地，这块土地在B公司的报表上，该土地使用税该如何列支？

【解析】

《关于土地使用税若干具体问题的解释和暂行规定》（国税地字〔1988〕第15号）第四条规定，土地使用税由拥有土地使用权的单位或个人缴纳。拥有土地使用权的纳税人不在土地所在地的，由代管人或实际使用人纳税；土地使用权未确定或权属纠纷未解决的，由实际使用人纳税；土地使用权共有的，由共有各方分别纳税。

【结论】

公司分立后，申报土地使用税应该由土地实际使用人缴纳并列支，既然由B公司使用，就应该由B公司申报土地使用税并缴纳，虽然没有过户，仍然应该由B公司进行土地使用税的申报和缴纳。

问题点6　房地产开发企业的哪些行为享受免征城镇土地使用税的优惠政策?

【解析】

对廉租住房、经济适用住房建设用地以及廉租住房经营管理单位按照政府规定价格，向规定保障对象出租的廉租住房用地，免征城镇土地使用税。

开发商在经济适用住房、商品住房项目中配套建造廉租住房，在商品住房项目中配套建造经济适用住房，如能提供政府部门出具的相关材料，可按廉租住房、经济适用住房建筑面积占总建筑面积的比例免征开发商应缴纳的城镇土地使用税。

问题点 7 地下建筑用地如何征收城镇土地使用税？

【解析】

根据《财政部、国家税务总局关于房产税城镇土地使用税有关问题的通知》（财税〔2009〕128 号）对在城镇土地使用税征税范围内单独建造的地下建筑用地，按规定征收城镇土地使用税。其中，已取得地下土地使用权证的，按土地使用权证确认的土地面积计算应征税款；未取得地下土地使用权证或地下土地使用权证上未标明土地面积的，按地下建筑垂直投影面积计算应征税款。

对上述地下建筑用地暂按应征税款的 50% 征收城镇土地使用税。

问题点 8 只签订合同没有办理土地使用证，何时缴纳土地使用税？

【解析】

《国家税务总局关于未办理土地使用权证转让土地有关税收问题的批复》（国税函〔2007〕645 号）规定，土地使用者转让、抵押或置换土地，无论是否取得该土地的使用权属证书，无论其在转让、抵押或置换土地过程中是否与对方当事人办理土地使用权属证书变更登记手续，只要土地使用者享有占有、使用、收益或处分该土地的权利，且有合同等证据表明其实质转让、抵押或置换了土地并取得了相应的经济利益，土地使用者及其对方当事人应当依照税法规定缴纳营业税、土地增值税和契税等相关税收。

【结论】

根据国税函〔2007〕645 号的规定，缴纳城镇土地使用税需同时满足 3 个必要条件，即（1）土地使用者享有占有、使用、收益或处分该土地的权利；（2）有合同等证据表明其实质转让、抵押或置换；（3）土地使用者取得了相应的经济利益。

因此，若实务中确实存在签订合同前就已使用土地的情形，如能证明同时满足以上 3 个条件，则应从实际使用的次月起，缴纳城镇土地使用税。但取证的关键，具体可以通过企业“在建工程”的第一笔支出，询问笔录，签订的其他等同于合同性质的协议、用地说明等资料，确定实际用地时间点，从而确定城镇土地使用税纳税义务发生时间。

问题点 9　何时为该房地产开发企业土地使用税纳税终止时间？

某房地产企业于 2015 年 9 月通过拍卖取得一块土地，于 2015 年 10 月签订土地使用权出让合同，将该土地用于建造“××花园”商品房项目。该项目于 2015 年 12 月动工，并于次年 4 月取得《商品房预售许可证》。何时为该房地产开发企业土地使用税纳税终止时间？

【解析】

《财政部、国家税务总局关于房产税、城镇土地使用税有关问题的通知》（财税〔2008〕152 号）关于房产税、城镇土地使用税纳税义务截止时间的问题中规定，纳税人因房产、土地的实物或权利状态发生变化而依法终止房产税、城镇土地使用税纳税义务的，其应纳税款的计算应截止到房产、土地的实物或权利状态发生变化的当月末。

实务中，目前国家税务总局对房产、土地的实物或权利状态发生变化的具体时点及表现形式没有具体规定，各地管理标准各有不同。

根据《重庆市地方税务局关于明确房地产开发企业城镇土地使用税纳税义务终止有关问题的公告》（重庆市地方税务局公告2012 年第6 号）规定，房地产开发企业销售并终止城镇土地使用税纳税义务时间按“房屋交付时间和购房者产权登记时间孰先”的原则确定。

根据《西安市地方税务局关于明确房地产开发企业房地产开发用地城镇土地使用税征收起止时间有关问题的通知》（西地税发〔2009〕248 号）规定，房地产开发企业房地产开发用城镇土地使用税截止时间应为《商品房买卖合同》或其他协议文件约定房屋交付的当月末；未按《商品房买卖合同》或其他协议文件约定时间交付房屋的，城镇土地使用税征收截止时间为房屋实际交付的当月末。

根据《广西壮族自治区地方税务局关于房地产企业城镇土地使用税纳税义务终止时间的通知》（桂地税字〔2009〕117 号）规定，对房地产开发企业建造的商品房用地，在商品房出售之前，应按照规定征收城镇土地使用税；终止缴纳的时间应以商品房出售双方签订销售合同生效的次月起。

根据《青岛市地方税务局关于明确房地产企业商品房开发期间城镇土地使用税有关问题的通知》（青地税函〔2009〕128 号）规定，商品房交付使用，是指房地产开发企业将已建成的房屋转移给买受人占有，其外在表现主要是将房屋的钥匙交付给买受人。

【结论】

由于实务中产权登记一般远晚于房屋交付日期，按照实质承担受益原则，建议以购房者办理完房屋交接手续（外在形式表现为物业与业主办理钥匙交接手续的日期）为土地使用税纳税截止时间。

具体证据资料为：

物业与业主按月份签署的交接明细表。

从注明月份的次月起，房地产企业终止城镇土地使用税纳税义务。

问题点 10　通过“招拍挂”获得土地如何签订土地交付条款最省土地使用税？

2015 年 10 月，某房地产企业拍得土地一块，签订土地出让合同，未约定土地交付时间，2017 年 10 月交付土地，2018 年 3 月税务稽查。

税务稽查的结果：

查补土地使用税、罚款、滞纳金 523. 13 万元。

【解析】

《中华人民共和国城镇土地使用税暂行条例》第九条规定，新征收的土地，依照下列规定缴纳土地使用税：（一）征收的耕地，自批准征收之日起满 1 年时开始缴纳土地使用税；（二）征收的非耕地，自批准征用次月起缴纳土地使用税。

《财政部、国家税务总局关于房产税、城镇土地使用税有关政策的通知》（财税〔2006〕186 号）规定，以出让或转让方式有偿取得土地使用权的，应由受让方从合同约定交付土地时间的次月起缴纳城镇土地使用税；合同未约定交付土地时间的，由受让方从合同签订的次月起缴纳城镇土地使用税。

根据上述规定，土地使用税的缴纳并不是以土地是否使用为依据。因此，企业所购土地不管使用与否，都应依法申报并缴纳土地使用税。

对企业尚未利用的闲置土地，应出具有关部门的批准文件或认定书，经企业自行申报可免征城镇土地使用税，否则都应缴纳土地使用税。

【结论】

如果到约定的交付日期未交付的，可以补充协议的方式进行延迟，则能够避免多交土地使用税。

对于非受让方原因，未如期取得土地的，凭国土部门与纳税人签订的《土地使用权出让补充协议》或者当地政府出具的证明材料，经主管税务机关调查核实，确认情况属实的，从实际取得土地的次月起缴纳土地使用税。主管税务机关应填写《城镇土地使用税调查认定表》留存备案。

材料提供不全的企业，不能按照以上规定确定土地使用税纳税义务发生时间。

四、耕地占用税

问题点 1　临时占用耕地，项目复工后，耕地占用税是否可以申请退税？

某项目部因施工需要临时占用耕地，已缴纳耕地占用税，项目完工后复垦，请问：此项行为是否可以申请耕地占用税的退税，如何办理？

【解析】

《中华人民共和国耕地占用税暂行条例》第十三条规定，纳税人临时占用耕地，应当依照本条例的规定缴纳耕地占用税。纳税人在批准临时占用耕地的期限内恢复所占用耕地原状的，全额退还已经缴纳的耕地占用税。

【结论】

该项目部临时占用耕地，应在收到土地管理部门办理农用地手续通知的当天为纳税义务时间，按规定缴纳耕地占用税，项目结束后恢复耕地，申请退税。

（1）合理确定需要占用耕地的面积

项目部在进行前期建设时，应根据实际需要，合理测算需占用耕地的面积，不要盲目求大，造成浪费。

（2）建立耕地占用税台账

项目部按照要求缴纳耕地占用税，制作项目占地台账，台账内容包括但不限于项目名称、地点、项目负责人、批准占用耕地时间、占用面积、缴纳的税款、完税税号、凭证号、经办人等信息。

（3）核对检查，申请退税

项目结束时，项目财务人员即项目拆迁经办人员应对耕地占用税的台账进行核对，符合临时占用且已经恢复的耕地，应向当地税务机关办理退税事宜。

问题点 2　用地许可证面积、批准面积、占用面积不一致，如何确定耕地占用税的应税面积？

【解析】

《国家税务总局关于耕地占用税征收管理有关问题的通知》（国税发〔2007〕129 号）第二条规定，耕地占用税计税面积核定的主要依据是农用地转用审批文件，必要时应实地勘测。

纳税人实际占地面积（含受托代占地面积）大于批准占地面积的，按实际占地面积计税；实际占地面积小于批准占地面积的，按批准占地面积计税。

问题点 3　对因污染等损毁耕地的行为是否征收耕地占用税？

【解析】

《中华人民共和国耕地占用税暂行条例实施细则》第二十三条规定，因污染、取土、采矿塌陷等损毁耕地的，比照条例第十三条规定的临时占用耕地的情况，由造成损毁的单位或个人缴纳耕地占用税。超过 2 年未恢复耕地原状的，已征税款不予退还。

问题点 4　耕地占用税与城镇土地使用税在征免衔接上有何规定？

【解析】

为避免对一块土地同时征收耕地占用税和城镇土地使用税，税法规定，凡是缴纳了耕地占用税的，从批准征用之日起满 1 年后征收城镇土地使用税；征用非耕地因不需要缴纳耕地占用税，应从批准征用之次月起征收城镇土地使用税。

问题点 5　挂牌取得的土地是否应缴纳耕地占用税？

某公司为房地产开发企业，2017 年，政府将农用耕地征用后，以“招拍挂”方式出让，此公司中拍该宗土地。挂牌取得的国有建设用地是否应当缴纳耕地占用税？

【解析】

根据《中华人民共和国城市房地产管理法》和《招标拍卖挂牌出让国有土地使用权规范（试行）》（国土资发〔2006〕114 号）的规定，凡经“招标拍卖挂牌”出让国有土地使用权的“地价评估，确定出让底价”，土地估价的“合法原则”要求必须首要涵盖“耕地占用税”。所以，土地挂牌交易的价格本身已涵盖耕地占用税。

此外，通过“招拍挂”方式取得的土地都是建设用地，受让方取得的土地不属于“新征用的土地”范畴，相对于土地储备中心来说，才为“新征用的土地”，土地征收的申请人一般为国土部门，而非土地受让方。

【结论】

一般挂牌取得的土地，不再缴纳耕地占用税。

五、契税

问题点 1 以分期付款方式支付土地出让金的利息是否并入土地价值缴纳契税？

某企业与土地管理部门签订土地出让合同，约定分 3 年缴纳土地出让金共计 3000 万元并支付利息 300 万元。分期付款的利息是否并入土地价值缴纳契税？

【解析】

《财政部、国家税务总局关于国有土地使用权出让等有关契税问题的通知》（财税〔2004〕134 号）规定，出让国有土地使用权的，其契税计税价格为承受人为取得该土地使用权而支付的全部经济利益。以协议方式出让的，其契税计税价格为成交价格。成交价格包括土地出让金、土地补偿费、安置补助费、地上附着物和青苗补偿费、拆迁补偿费、市政建设配套费等承受人应支付的货币、实物、无形资产及其他经济利益。

《吉林省地方税务局关于契税征收若干具体问题的通知》（吉地税发〔2012〕24 号）第五条规定，纳税人与土地管理部门签订土地出让合同，约定分期缴纳土地出让金，其纳税义务发生时间为签订出让合同的当天，计税依据为合同所载全部土地出让金总价款。纳税人因分期支付土地出让金而支付给土地出让人的利息，应计入契税计税依据，照章征收契税。

【结论】

分期付款利息属于分期取得土地使用权约定的支付价款的一部分，需要缴纳契税。

问题点2　支付土地出让金的定金款是否应征收契税？

某公司与某管委会签订建设项目书，约定取得某地土地使用权事宜，并向其支付土地定金款300万元，经核实土地尚未开发，土地权属证明文书尚未取得。请问：支付的土地定金款300万元是否缴纳契税？

【解析】

根据《中华人民共和国契税暂行条例》第八条的规定，契税的纳税义务发生时间，为纳税人签订土地、房屋权属转移合同的当天，或者纳税人取得其他具有土地、房屋权属转移合同性质凭证的当天。

【结论】

这种企业尚未签订《国有土地使用权出让合同》，只是缴纳土地定金款，未取得土地出让金缴款凭证，也就是契税的纳税义务发生时间尚未开始。因此，对该公司支付的土地定金款不应征收契税。

问题点3　支付土地出让金的违约金是否应征收契税？

某企业由于未按约定时间支付土地出让金，支付土地管理部门土地出让金的违约金合计 300 万元，则这 300 万元违约金是否需要缴纳契税？

【解析】

《财政部、国家税务总局关于国有土地使用权出让等有关契税问题的通知》（财税〔2004〕134 号）规定，出让国有土地使用权的，其契税计税价格为承受人为取得该土地使用权而支付的全部经济利益。以协议方式出让的，其契税计税价格为成交价格。《吉林省地方税务局关于契税征收若干具体问题的公告》（吉林省地方税务局公告 2011 年第 2 号）第四条规定，关于土地出让金的违约金是否计入契税计税依据问题，用地人未按照土地出让合同、补充协议或变更协议的约定及时缴纳土地出让金，被政府相关部门计收的违约金，由于不属于土地出让的成交价格，因此不计入契税的计税依据，不征收契税。

【结论】

由于违约金具有不确定性，在签订合同之前，并不知道是否违约，与土地出让金的价格没有必然关系，因此支付的违约金不属于成交价格的一部分，不需要缴纳契税。

问题点 4　获奖取得的住房能否享受契税优惠税率？

吴某 2017 年因参加省内某电台举办的青年歌手大赛取得第一名，获得住房一处（符合普通住房标准，市场价值为 40 万元）。吴某获得的住房能否享受契税优惠税率政策？

【解析】

《财政部、国家税务总局、住房城乡建设部关于调整房地产交易环节契税、营业税优惠政策的通知》（财税〔2016〕23号）规定，（一）对个人购买家庭唯一住房（家庭成员范围包括购房人、配偶以及未成年子女，下同），面积为90平方米及以下的，减按1%的税率征收契税；面积为90平方米以上的，减按1.5%的税率征收契税。（二）对个人购买家庭第二套改善性住房，面积为90平方米及以下的，减按1%的税率征收契税；面积为90平方米以上的，减按2%的税率征收契税。家庭第二套改善性住房是指已拥有一套住房的家庭，购买的家庭第二套住房。该通知自2016年2月22日起执行。优惠政策仅适用"购买"的"住房"，两个条件缺一不可。

【结论】

获奖取得的房产不能享受契税的税收优惠政策。

问题点5　减免的配套费是否缴纳契税，划拨取得的土地是否缴纳契税?

某房地产通过"招拍挂"方式取得了土地，与国土部门签订了《国有土地使用权出让合同》，合同中注明土地出让金额，土地出让条件为"现状土地"，企业根据合同所记载出让金金额按3%缴纳了契税，国土部门用房地产企业缴纳的出让金扣除相关税费后的剩余金额以"返还给农村集体经济组织发展资金"或"返回给农村集体经济补偿款"的名义返给了房地产企业，但没有明确要求用途。

地区的大市政配套费由规划局核算，由住建局收取，该企业在小区规划批准以后以每平方米几十元的价格向住建局上缴了大市政配套费。

该企业按照与农村集体经济的协议，用现金补偿方式或房屋实物补偿方式给农民现金或房屋。

企业上缴的大市政配套费是否也应缴纳契税？

政府返还给房地产企业的那部分资金是否可以从补缴款中扣除后再补缴契税？

【解析】

《财政部、国家税务总局关于国有土地使用权出让等有关契税问题的通知》（财税〔2004〕134 号）规定，出让国有土地使用权的，其契税计税价格为承受人为取得该土地使用而支付的全部经济利益。以协议方式出让的，其契税计税价格为成交价格。成交价格包括土地出让金、土地补偿费、安置补助费、地上附着物和青苗补偿费、拆迁补偿费、市政建设配套费等承受人应支付的货币、实物、无形资产及其他经济利益。

【结论】

大市政配套费是取得土地支付对价之一，应当缴纳契税。

政府返还给房地产企业的农村经济补偿款，其实质是由房地产企业代收代付，因此不征契税。

问题点 6　**竞得土地后成立新公司开发该地块需缴纳两次契税吗?**

甲公司、乙公司联合参与了国有土地使用权公开招标出让活动，两公司在向国土资源局递交的《联合投标协议书》中，明确了签订该地块《国有建设用地使用权出让合同》的受让人为：两公司共同成立的新公司。在竞拍中标后，两公司与土地储备交易管理中心签订《国有土地使用权出让成交确认书》之后，两公司共同投资成立的项目公司即新公司在工商行政管理局注册登记，已取得营业执照。新公司的出资比例为：甲公司10%，乙公司90%，出资比例与投标文件中的约定相符。之后，两公司与国土资源局签订《国有建设用地使用权出让合同》，并办理了项目业主变更协议，即该地块上的国有土地使用权权属变更为新公司持有，原《国有建设用地使用权出让合同》所载明的权利和义务全部转移为新公司承担。

目前，当地税务机关要求按照两公司的名义缴纳契税，并且认为两公司与国土资源局签订《国有建设用地使用权出让合同》之后办理了项目业主变更协议，该地块上的国有土地使用权权属变更为新公司持有，是发生了再次转让行为，因此需要以新公司的名义再缴纳一次契税。

【解析】

根据《国土资源部关于印发〈招标拍卖挂牌出让国有土地使用权规范（试行）〉和〈协议出让国有土地使用权规范（试行）〉的通知》中第10.2条款第（6）点的规定，申请人竞得土地后，拟成立新公司进行开发建设的，应在申请书中明确新公司的出资构成、成立时间等内容。出让人可以根据招标拍卖挂牌出让结果，先与竞得人签订《国有土地使用权出让合同》，在竞得人按约定办理完新公司注册登记手续后，再与新公司签订《国有土地使用权出让合同变更协议》；也可以按约定直接与新公司签订《国有土地使用权出让合同》。从土地行政管理规定上看，上述行为都属于同一次国有建设用地使用权出让活动而产生的。

【结论】

契税的唯一纳税主体是新公司，两公司与国土资源局签订协议是基于新公司尚未注册，不得已而为之。契税只缴纳一次，而不是两次。建议类似情况，为避免歧义，可先去工商部门核定新公司名称，再参与国有土地使用权的招拍挂，竞得土地后，在签订《国有建设用地使用权出让合同》时，直接以经核名的新公司为受让人，并明确该地块的权利和义务全部由新公司承担。

问题点 7 如何通过取得票据确定配套费契税的证明界限？

【解析】

《财政部、国家税务总局关于国有土地使用权出让等有关契税问题的通知》（财税〔2004〕134 号）规定，出让国有土地使用权的，其契税计税价格为承受人为取得该土地使用权而支付的全部经济利益。以协议方式出让的，其契税计税价格为成交价格。成交价格包括土地出让金、土地补偿金、安置补助费、地上附着物和青苗补偿费、拆迁补偿费、市政建设配套费等承受人应支付的货币、实物、无形资产及其他经济利益。

【结论】

如果取得的是支付给消防、财政等行政部门的财政非税收入的票据，一般属于为取得土地支出的必要费用，应征收契税。

如果取得的是支付其他企业给水、网通等建筑安装发票，一般属于土地开发费用，不计算征收契税。

六、资源税

问题点 1　从价定率缴纳资源税存在哪些问题?

【解析】

从价定率征收的计税依据——销售额。

销售额是指：销售应税产品的全部价款和价外费用，但不包括收取的增值税销项税额和运杂费用。

价外费用是指销售方向购买方收取的手续费、补贴、基金、集资费、返还利润、奖励费、违约金（延期付款利息）、包装费、包装物租金、储备费、优质费、代收款项、代垫款项及其他各种性质的价外收费。

从价征收的资源税的销售额与应税矿产品缴纳增值税的销售额一致。

运杂费用是指应税产品从坑口或洗选（加工）地到车站、码头或购买方指定地点的运输费用、建设基金以及随运销产生的装卸、仓储、港杂费用。

运杂费用应取得合法有效凭据并与销售额分别核算，凡未取得合法有效凭据或不能与销售额分别核算的，应当一并计征资源税。

问题点 2 从量定额缴纳资源税存在哪些问题?

【解析】

从量定额征收的计税依据——销售数量。

1. 销售数量包括纳税人开采或者生产应税产品的实际销售数量和视同销售的自用数量（不是开采数量）。

2. 纳税人不能准确提供应税产品销售数量的，以应税产品的产量或者主管税务机关确定的折算比例换算成的数量为计征资源税的销售数量。

问题点 3 已税产品进一步加工，如何缴纳资源税?

【解析】

纳税人用已纳资源税的应税产品进一步加工应税产品销售的，不再缴纳资源税。

纳税人以未税产品和已税产品混合销售或者混合加工为应税产品销售的，应当准确核算已税产品的购进金额，在计算加工后的应税产品销售额时，准予扣减已税产品的购进金额；未分别核算的，一并计算缴纳资源税。

七、个人所得税

问题点 1　个人对公益事业的捐赠如何在个人所得税税前计算扣除?

某企业高管年终奖金 300 万元，个人对公益事业捐赠 90 万元，是否可以在个人所得税前进行全额扣除？

【解析】

《中华人民共和国个人所得税法实施条例》第十九条规定，个人所得税法第六条第三款所说的个人将其所得对教育事业和其他公益事业的捐赠，是指个人将其所得通过中国境内的公益性社会组织、国家机关向教育、扶贫、济困等公益慈善事业的捐赠。捐赠额未超过纳税义务人申报的应纳税所得额 30% 的部分，可以从其应纳税所得额中扣除。

【结论】

如果仅就这位高管的年终奖，不超过应纳税所得额的 30%（300 万元的 30% 是 90 万元），可以从其个人所得税前全额扣除。

问题点 2　年会抽奖如何缴纳个人所得税?

某公司年底晚会抽奖，最后发放奖品到获奖员工手中。根据税法，对于员工，公司应当代扣代缴个人所得税。该公司年会抽奖一般都在 100 万元左右，中奖率为 35%。对于中奖员工，公司应该按照偶然所得20%缴税，还是纳入该员工当月工资薪金一起计算缴税？

【解析】

尽管年终抽奖是偶然所得，但由于是本单位内部抽奖，获得奖金的也都是企业内部的员工。

【结论】

在抽奖后并入员工年终奖金，与当月工资薪金合并计算扣缴个人所得税。

问题点3 劳动赔偿如何缴纳个人所得税?

某公司招用人员时未签订劳动合同，在辞退某人后，该人员向劳动争议仲裁委员会提出申请。劳动争议仲裁委员会以未签订劳动合同为由，裁决该公司支付双倍工作期间工资并支付解除劳动关系的经济补偿金，如何代扣代缴个人所得税？

【解析】

根据《中华人民共和国劳动合同法》第八十二条第一款规定，用人单位自用工之日起超过1个月不满1年未与劳动者订立书面合同的，应当向劳动者支付2倍的工资。

《中华人民共和国个人所得税法实施条例》第六条第一款第（一）项规定，工资、薪金所得，是指个人因任职或者受雇取得的工资、薪金、奖金、年终加薪、劳动分红、津贴、补贴以及与任职或受雇有关的其他所得。

由于用人单位违反了《中华人民共和国劳动合同法》的规定而向劳动者支付的双倍工资，属于“受雇有关的其他所得”。

《中华人民共和国劳动合同法》第四十六条第（三）项规定，用人单位因劳动者不能胜任工作，经过培训或调整工作岗位，仍不能胜任工作的，解除劳动合同，用人单位应当向劳动者支付经济补偿。

【结论】

即便没有签订劳动合同，也不能改变该人员与用工单位的实质关系与任职状态。虽然劳动仲裁下达时，该人员已不是公司员工，但是此双倍工资的支付是对其过去任职的补偿，故应按工资薪金所得缴纳个人所得税，并入实际发放的当月薪酬总额计算个人所得税。

问题点 4　个人转让住房时，当初购房实际缴纳的维修基金、工本费是否可以在计算个人所得税时扣除？

【解析】

根据《国家税务总局关于个人住房转让所得征收个人所得税有关问题的通知》（国税发〔2006〕108 号）第二条的规定，对转让住房收入计算个人所得税应纳税所得额时，纳税人可凭原购房合同、发票等有效凭证，经税务机关审核后，允许从其转让收入中减除房屋原值、转让住房过程中缴纳的税金及有关合理费用。

1. 房屋原值具体为：

商品房：购置该房屋时实际支付的房价款及交纳的相关税费。

……

2. 转让住房过程中缴纳的税金：纳税人在转让住房时实际缴纳的营业税、城市维护建设税、教育费附加、土地增值税、印花税等税金。

3. 合理费用：纳税人按照规定实际支付的住房装修费用、住房贷款利息、手续费、公证费等费用。

【结论】

个人转让住房在计算个人所得税时，实际缴纳的维修基金可计入房屋原值，工本费作为手续费可以扣除。

问题点 5　个人转租房屋取得的租金收入在计算个人所得税时是否允许扣除向房屋出租方支付的租金？

【解析】

《国家税务总局关于个人转租房屋取得收入征收个人所得税问题的通知》（国税函〔2009〕639 号）第二条规定，取得转租收入的个人向房屋出租方支付的租金，凭房屋租赁合同和合法支付凭据允许在计算个人所得税时，从该项转租收入中扣除。

【结论】

个人转租房屋取得的租金收入在计算个人所得税时，凭房屋租赁合同和合法支付凭据允许在计算个人所得税时，从该项转租收入中扣除。

问题点 6　个人取得年终一次性奖金如何计算缴纳个人所得税？

【解析】

《财政部、国家税务总局关于个人所得税法修改后有关优惠政策衔接问题的通知》（财税〔2018〕164号）专门规定，居民个人取得全年一次性奖金的，在2021年12月31日前，可以自行选择计税方式，请纳税人自行判断是否将全年一次性奖金并入综合所得计税。扣缴单位应在发放奖金时注意把握，以便于纳税人享受减税红利。也就是说，纳税人取得的全年一次性奖金，可以不并入当年综合所得，以奖金全额除以12个月的数额，按照综合所得月度税率表，确定适用税率和速算扣除数，单独计算纳税，以避免部分纳税人因全年一次性奖金并入综合所得后提高适用税率。

对部分中低收入者而言，如将全年一次性奖金并入当年工资薪金所得，扣除基本减除费用、专项扣除、专项附加扣除等后，可能根本无需缴税或者缴纳很少税款。

而到2022年1月1日起，年终奖并入当年综合所得计算缴纳个人所得税。

【结论】

员工年终获得的一次性奖金，可以采取一次性年终奖除以12后，同时和员工当月薪资结合，计算缴纳个人所得税。

问题点7　个人因没有休带薪年假而从任职或受雇单位取得补贴是否需要缴纳个人所得税？

【解析】

根据《中华人民共和国个人所得税法实施条例》第六条的规定，工资、薪金所得，是指个人因任职或者受雇而取得的工资、薪金、奖金、年终加薪、劳动分红、津贴、补贴以及与任职或者受雇有关的其他所得。

【结论】

个人因没有休带薪年假而从任职或受雇单位取得的补贴应当合并到工资薪金缴纳个人所得税。

问题点 8　董事费、监事费应按哪个税目缴纳个人所得税？

公司运营规范，成立了“三会”（股东会、董事会、监事会），董事会和监事会成员应该如何缴纳个人所得税？

【解析】

根据《国家税务总局关于明确个人所得税若干政策执行问题的通知》（国税发〔2009〕121 号）第二条有关董事费征税问题的规定，（一）《国家税务总局关于印发〈征收个人所得税若干问题的规定〉的通知》（国税发〔1994〕089 号）第八条规定的董事费按劳务报酬所得项目征税方法，仅适用于个人担任公司董事、监事，且不在公司任职、受雇的情形。（二）个人在公司（包括关联公司）任职、受雇，同时兼任董事、监事的，应将董事费、监事费与个人工资收入合并，统一按工资、薪金所得项目缴纳个人所得税。

【结论】

个人担任公司董事、监事，且不在公司任职、受雇的，按照劳务报酬征税；个人在公司（包括关联公司）任职、受雇，同时兼任董事、监事的，应将董事费、监事费与个人工资收入合并，统一按工资、薪金所得项目缴纳个人所得税。

问题点9　公司向客户赠送礼品是否应代扣代缴个人所得税?

【解析】

按照《财政部、国家税务总局关于企业促销展业赠送礼品有关个人所得税问题的通知》（财税〔2011〕50号）的规定，赠送礼品是否征收个人所得税分为两类情况。

1. 不征收个人所得税的情况。如果属于下列情形之一的赠送，不征收个人所得税，赠予方没有代扣代缴义务：

（1）企业通过价格折扣、折让方式向个人销售商品（产品）和提供服务；

（2）企业在向个人销售商品（产品）和提供服务的同时给予赠品，如通信企业对个人购买手机赠话费、入网费，或者购话费赠手机等；

（3）企业对累积消费达到一定额度的个人按消费积分反馈礼品。

在以上三种情形中，表面看受赠方在未支付对价的情况下获得了经济利益，但这种经济利益的取得有先决条件，即受赠方同赠予方已经签订民事交易合同或事实上履行了合同，因此受赠方获得经济利益是有偿的，不构成受赠方的所得。

2. 征收个人所得税的情况。按照财税〔2011〕50号文件规定，企业向个人赠送礼品，属于下列情形之一的，取得该项所得的个人应全额适用20%的税率缴纳个人所得税，税款由赠送礼品的企业代扣代缴：

（1）企业在业务宣传、广告等活动中，随机向本单位以外的个人赠送礼品，对个人取得的礼品所得，属于“其他所得”项目；

（2）企业在年会、座谈会、庆典以及其他活动中向本单位以外的个人赠送礼品，对个人取得的礼品所得，属于“其他所得”项目；

（3）企业对累积消费达到一定额度的顾客，给予额外抽奖机会，个人的获奖所得，属于“偶然所得”项目。

前两种情形中，受赠方获得经济利益不以与赠予方达成合同或履行合同为必要条件，属于无偿获得经济利益，属于个人所得性质；第三种情形虽然以达成或履行合同为必要条件，但受赠方得到经济利益系来源于额外抽奖，也属于随机性的无偿赠送，属于个人所得性质。

【结论】

企业对外赠送不一定全都会构成受赠人的所得，只有后三种情形的赠送，赠予方才承担代扣代缴个人所得税义务。需要注意，企业对外赠送的不一定是有形商品，也包括赠送服务，如赠送客户体检、课程学习之类。按照财税〔2011〕50号文件规定，企业赠送的礼品是自产产品（服务）的，按该产品（服务）的市场销售价格确定个人的应税所得；是外购商品（服务）的，按该商品（服务）的实际购置价格确定个人的应税所得。

问题点10　个人在国家法定节假日加班取得2倍或3倍的加班工资，是否属于“按照国家统一规定发给的补贴、津贴”？

【解析】

《中华人民共和国个人所得税法》第四条规定，按照国家统一规定发给的补贴、津贴免征个人所得税。

《中华人民共和国个人所得税法实施条例》第十条规定，个人所得税法第四条第一款第三项所说的按照国家统一规定发给的补贴、津贴，是指按照国务院规定发给的政府特殊津贴、院士津贴，以及国务院规定免予缴纳个人所得税的其他补贴、津贴。

【结论】

加班工资不属于国家统一规定发给的补贴、津贴，应并入工资、薪金所得，依法计征个人所得税。

问题点 11　企业为员工缴付企业年金时，个人所得税怎么处理?

随着企业年金越来越多地在企业中应用，企业为员工缴付企业年金时，个人所得税该怎么交?

【解析】

根据《财政部、人力资源社会保障部、国家税务总局关于企业年金、职业年金个人所得税有关问题的通知》（财税〔2013〕103号）的规定，企业年金和职业年金缴费的个人所得税处理如下：

1. 企业和事业单位（以下统称单位）根据国家有关政策规定的办法和标准，为在本单位任职或者受雇的全体职工缴付的企业年金或职业年金（以下统称年金）单位缴费部分，在计入个人账户时，个人暂不缴纳个人所得税。

2. 个人根据国家有关政策规定缴付的年金个人缴费部分，在不超过本人缴费工资计税基数的4%标准内的部分，暂从个人当期的应纳税所得额中扣除。

3. 超过本通知第一条第1项和第2项规定的标准缴付的年金

单位缴费和个人缴费部分，应并入个人当期的工资、薪金所得，依法计征个人所得税。税款由建立年金的单位代扣代缴，并向主管税务机关申报解缴。

4. 企业年金个人缴费工资计税基数为本人上一年度月平均工资。月平均工资按国家统计局规定列入工资总额统计的项目计算。月平均工资超过职工工作地所在设区城市上一年度职工月平均工资300%以上的部分，不计入个人缴费工资计税基数。

【结论】

企业在为员工缴纳企业年金时，不超过国家政策规定标准的，在计入个人账户时，个人暂不缴纳个人所得税。超过国家政策规定标准的，并入当月工资薪金所得缴纳个人所得税。

问题点12 建筑安装业跨省异地工程作业人员个人所得税怎样征收？

【解析】

《关于建筑安装业跨省异地工程作业人员个人所得税征收管理问题的公告》（国家税务总局公告2015年第52号）第二条规定，跨省异地施工单位应就其所支付的工程作业人员工资、薪金所得，向工程作业所在地税务机关办理全员全额扣缴明细申报。凡实行全员全额扣缴明细申报的，工程作业所在地税务机关不得核定征收个人所得税。

【结论】

建筑安装企业跨地区异地施工应向工程所在地的税务机关申报全员全额扣缴明细，工程作业所在地税务机关不得核定征收个人所得税。

问题点 13 建筑安装业跨省异地工程项目的管理人员个人所得税在哪儿申报?

【解析】

《关于建筑安装业跨省异地工程作业人员个人所得税征收管理问题的公告》（国家税务总局公告 2015 年第 52 号）第一条规定，总承包企业、分承包企业派驻跨省异地工程项目的管理人员、技术人员和其他工作人员在异地工作期间的工资、薪金所得个人所得税，由总承包企业、分承包企业依法代扣代缴并向工程作业所在地税务机关申报缴纳。总承包企业和分承包企业通过劳务派遣公司聘用劳务人员跨省异地工作期间的工资、薪金所得个人所得税，由劳务派遣公司依法代扣代缴并向工程作业所在地税务机关申报缴纳。

【结论】

总承包企业、分承包企业派驻跨省异地工程项目的管理人员、技术人员和其他工作人员在异地工作期间的工资、薪金所得个人所得税，由总承包企业、分承包企业依法代扣代缴并向工程作业所在地税务机关申报缴纳。总承包企业和分承包企业通过劳务派遣公司聘用劳务人员跨省异地工作期间的工资、薪金所得个人所得税，由劳务派遣公司依法代扣代缴并向工程作业所在地税务机关申报缴纳。

问题点 14 公司对累积消费达到一定额度的会员，可以按消费积分兑换礼品或进行额外抽奖，是否需代扣代缴个人所得税？

【解析】

《财政部、国家税务总局关于企业促销展业赠送礼品有关个人所得税问题的通知》（财税〔2011〕50 号）第一条第三款规定，企业对累积消费达到一定额度的个人按消费积分反馈礼品不征收个人所得税。同时，第二条第三款规定，企业对累积消费达到一定额度的顾客，给予额外抽奖机会，个人的获奖所得，按照“偶然所得”项目，全额适用 20% 的税率缴纳个人所得税。

【结论】

会员累计积分兑换礼品，不征收个人所得税；如果进行额外抽奖，个人的获奖所得，按照“偶然所得”项目，全额适用 20% 的税率缴纳个人所得税。

问题点 15 继承房产是否需要缴纳个人所得税？

【解析】

《财政部、国家税务总局关于个人无偿受赠房屋有关个人所得税问题的通知》（财税〔2009〕78 号）第一条规定，以下情形的房屋产权无偿赠与，对当事双方不征收个人所得税：（一）房屋产权所有人将房屋产权无偿赠与配偶、父母、子女、祖父母、外祖父母、孙子女、外孙子女、兄弟姐妹；（二）房屋产权所有人将房屋产权无偿赠与对其承担直接抚养或者赡养义务的抚养人或者赡养人；

（三）房屋产权所有人死亡，依法取得房屋产权的法定继承人、遗嘱继承人或者受遗赠人。第三条规定，除本通知第一条规定情形外，房屋产权所有人将房屋产权无偿赠与他人的，受赠人因无偿受赠房屋取得的受赠所得，按照“经国务院财政部门确定征税的其他所得”项目缴纳个人所得税，税率为20%。

【结论】

房屋无偿赠与直系亲属、旁系亲属、承担直接抚养或赡养义务的人、遗嘱继承人的，不征收个人所得税；其他情形受赠人无偿受赠房屋取得的受赠所得，按照“经国务院财政部门确定征税的其他所得”项目缴纳个人所得税，税率为20%。

问题点16　某非上市公司授予部分员工股权奖励，员工获得这部分股权奖励时缴纳个税能否适用递延纳税政策?

【解析】

根据《财政部、国家税务总局关于完善股权激励和技术入股有关所得税政策的通知》（财税〔2016〕101号）第一条第（一）项的规定，非上市公司授予本公司员工的股票期权、股权期权、限制性股票和股权奖励，符合规定条件的，经向主管税务机关备案，可实行递延纳税政策，即员工在取得股权激励时可暂不纳税，递延至转让该股权时纳税；股权转让时，按照股权转让收入减除股权取得成本以及合理税费后的差额，适用“财产转让所得”项目，按照20%的税率计算缴纳个人所得税。第一条第（二）项规定，享受递延纳税政策的非上市公司股权激励（包括股票期权、股权期权、限制性股票和股权奖励，下同）须同时满足以下条件：

1. 属于境内居民企业的股权激励计划。

2. 股权激励计划经公司董事会、股东（大）会审议通过。未设股东（大）会的国有单位，经上级主管部门审核批准。股权激励计划应列明激励目的、对象、标的、有效期、各类价格的确定方法、激励对象获取权益的条件、程序等。

3. 激励标的应为境内居民企业的本公司股权。股权奖励的标的可以是技术成果投资入股到其他境内居民企业所取得的股权。激励标的股票（权）包括通过增发、大股东直接让渡以及法律法规允许的其他合理方式授予激励对象的股票（权）。

4. 激励对象应为公司董事会或股东（大）会决定的技术骨干和高级管理人员，激励对象人数累计不得超过本公司最近6个月在职职工平均人数的30%。

5. 股票（权）期权自授予日起应持有满3年，且自行权日起持有满1年；限制性股票自授予日起应持有满3年，且解禁后持有满1年；股权奖励自获得奖励之日起应持有满3年。上述时间条件须在股权激励计划中列明。

6. 股票（权）期权自授予日至行权日的时间不得超过10年。

7. 实施股权奖励的公司及其奖励股权标的公司所属行业均不属于《股权奖励纳税优惠政策限制性行业目录》范围。公司所属行业按公司上一纳税年度主营业务收入占比最高的行业确定。

【结论】

非上市公司授予本公司员工的股票期权、股权期权、限制性股票和股权奖励，符合规定条件的，经向主管税务机关备案，可实行递延纳税政策，即员工在取得股权激励时可暂不纳税，递延至转让该股权时纳税；股权转让时，按照股权转让收入减除股权取得成本以及合理税费后的差额，适用“财产转让所得”项目，按照20%的税率计算缴纳个人所得税。

问题点17　如何确定财税〔2016〕101号文件关于享受递延纳税政策需满足条件中规定的“最近6个月在职职工平均人数”？

非上市公司员工获得股权激励授予时，因未获得收益，适用递延纳税政策，如何理解最近6个月在职职工平均人数？

【解析】

根据《财政部、国家税务总局关于完善股权激励和技术入股有关所得税政策的通知》（财税〔2016〕101号）的规定，非上市公司实施符合条件的股权激励，激励对象人数累计不得超过本公司最近6个月在职职工平均人数的30%。

同时根据《国家税务总局关于股权激励和技术入股所得税征管问题的公告》（国家税务总局公告2016年第62号）第一条的规定，非上市公司实施符合条件的股权激励，本公司最近6个月在职职工平均人数，按照股票（权）期权行权、限制性股票解禁、股权奖励获得之上月起前6个月“工资薪金所得”项目全员全额扣缴明细申报的平均人数确定。例如，某公司实施一批股票期权并于2017年1月行权，计算在职职工平均人数时，以该公司2016年7月、8月、9月、10月、11月、12月全员全额扣缴明细申报的平均人数计算。

【结论】

按照股票（权）期权行权、限制性股票解禁、股权奖励获得之上月起前6个月“工资薪金所得”项目全员全额扣缴明细申报的平均人数确定。

问题点 18　个人在多处兼职，取得不同项目的劳务报酬所得，计算个人所得税时能否分别减除费用？

【解析】

《国家税务总局关于印发〈征收个人所得税若干问题的规定〉的通知》（国税发〔1994〕89 号）第九条规定，个人兼有不同的劳务报酬所得，应当分别减除费用，计算缴纳个人所得税。

【结论】

个人取得不同项目的劳务报酬所得，应当分别减除费用计算缴纳个人所得税。

问题点 19　境内有住所个人在境外提供培训劳务，所取得的报酬在当地已按当地政策缴过个人所得税，是否仍需按国内税法规定在我国境内缴纳个人所得税？

【解析】

根据《中华人民共和国个人所得税法》及其实施条例、《国家税务总局关于印发〈境外所得个人所得税征收管理暂行办法〉的通知》（国税发〔1998〕126 号）的规定，纳税人来源于中国境外的各项应纳税所得，应依照税法及其实施条例和办法的规定缴纳个人所得税。纳税人在境外依照该所得来源国家或者地区的法律应当缴纳并且实际已经缴纳的个人所得税税额，能提供境外税务机关填发的完税证明材料原件的，准予其在应纳税额中扣除，但扣除额不得超过该纳税人境外所得依照税法规定计算的应纳税额。

【结论】

该境内有住所个人取得的境外培训收入，应根据税法及其实施条例规定按照“劳务报酬所得”计算缴纳个人所得税，在来源国当地缴纳的个人所得税可按上述规定予以扣除。

问题点 20　保险代理人取得佣金应该怎样计算缴纳个人所得税?

【解析】

《国家税务总局关于个人保险代理人税收征管有关问题的公告》（国家税务总局公告 2016 年第 45 号）第二条规定，个人保险代理人以其取得的佣金、奖励和劳务费等相关收入（不含增值税）减去地方税费附加及展业成本，按照规定计算个人所得税。展业成本，为佣金收入减去地方税费附加余额的 40%。

【结论】

保险代理人取得佣金应该根据上述规定，按照“劳务报酬所得”项目计算缴纳个人所得税。

问题点 21　合伙企业怎样计算预缴个人所得税?

【解析】

根据《财政部、国家税务总局关于印发〈关于个人独资企业和合伙企业投资者征收个人所得税的规定〉的通知》（财税〔2000〕

91号）的规定，对个人独资企业和合伙企业的投资者个人的生产经营所得，比照“个体工商户的生产经营所得”应税项目，适用5%～35%的五级超额累进税率，计算征收个人所得。

《财政部、国家税务总局关于合伙企业合伙人所得税问题的通知》（财税〔2008〕159号）第二条规定，合伙企业以每一个合伙人为纳税义务人。合伙企业合伙人是自然人的，缴纳个人所得税；合伙人是法人和其他组织的，缴纳企业所得税。以及第四条规定，合伙企业的合伙人按照下列原则确定应纳税所得额：（一）合伙企业的合伙人以合伙企业的生产经营所得和其他所得，按照合伙协议约定的分配比例确定应纳税所得额。（二）合伙协议未约定或者约定不明确的，以全部生产经营所得和其他所得，按照合伙人协商决定的分配比例确定应纳税所得额。（三）协商不成的，以全部生产经营所得和其他所得，按照合伙人实缴出资比例确定应纳税所得额。（四）无法确定出资比例的，以全部生产经营所得和其他所得，按照合伙人数量平均计算每个合伙人的应纳税所得额。

【结论】

合伙企业的合伙人，如果是个人的比照“个体工商户的生产经营所得”应税项目，适用5%～35%的五级超额累进税率，计算征收个人所得。如果是企业的，按照分得的份额，缴纳企业所得税。

问题点22 消费者在通信公司买手机的时候获赠话费，受赠话费是否需要缴纳个人所得税?

【解析】

《财政部、国家税务总局关于企业促销展业赠送礼品有关个人所得税问题的通知》（财税〔2011〕50 号）第一条第二款规定，企业在向个人销售商品（产品）和提供服务的同时给予赠品，如通信企业对个人购买手机赠话费、入网费，或者购话费赠手机等，不征收个人所得税。

【结论】

对消费者受赠的话费不征收个人所得税。

问题点 23　商业银行给顾客发放印有公司标志的纪念品，需要替顾客代扣个人所得税吗？

【解析】

《财政部、国家税务总局关于企业促销展业赠送礼品有关个人所得税问题的通知》（财税〔2011〕50 号）第二条规定，企业向个人赠送礼品，属于下列情形之一的，取得该项所得的个人应依法缴纳个人所得税，税款由赠送礼品的企业代扣代缴：1. 企业在业务宣传、广告等活动中，随机向本单位以外的个人赠送礼品，对个人取得的礼品所得，按照“其他所得”项目，全额适用 20% 的税率缴纳个人所得税……

【结论】

需要对个人取得的纪念品所得，按照“其他所得”项目，全额适用 20% 的税率缴纳个人所得税。

问题点24 投资者将企业资金用于消费性支出或财产性支出，是否计征个人所得税？

【解析】

根据《财政部、国家税务总局关于企业为个人购买房屋或其他财产征收个人所得税问题的批复》（财税〔2008〕83号）的规定，符合下列情形的房屋或其他财产，不论所有权人是否将财产无偿或有偿交付企业使用，其实质均为企业对个人进行了实物性质的分配，应依法计征个人所得税。企业出资购买房屋及其他财产，将所有权登记为投资者个人、投资者家庭成员或企业其他人员；企业投资者个人、投资者家庭成员或企业其他人员向企业借款用于购买房屋及其他财产，将所有权登记为投资者个人、投资者家庭成员或企业其他人员，且借款年度终了后未归还借款的；对除个人独资企业、合伙企业以外的其他企业的个人投资者或家庭成员取得上述所得，视为企业对个人投资者的红利分配，按照“利息、股息、红利所得”项目计征个人所得税；对企业其他人员取得的上述所得，按照“工资、薪金所得”项目计征个人所得税。

《财政部、国家税务总局关于规范个人投资者个人所得税征收管理的通知》（财税〔2003〕158号）第一条规定，除个人独资企业、合伙企业以外的其他企业的个人投资者，以企业资金为本人、家庭成员及其相关人员支付与企业生产经营无关的消费性支出及购买汽车、住房等财产性支出，视为企业对个人投资者的红利分配，按照“利息、股息、红利所得”项目计征个人所得税。企业的上述支出不允许在所得税前扣除。

【结论】

在企业实际经营过程中，存在大量企业的资产（多见于车辆）计入个人名下的情形，按照税法规定，这些资产即使为企业所用，同样要计征个人所得税。同时，为企业所用的个人名下资产提取的折旧不得在所得税前扣除。

问题点 25　股东借款年终未还且未用于生产经营是否计征个人所得税？

【解析】

1. 个人所得税政策规定

对于个人向企业借款的个人所得税事项，主要根据《财政部、国家税务总局关于规范个人投资者个人所得税征收管理的通知》（财税〔2003〕158 号）以及《财政部、国家税务总局关于企业为个人购买房屋或其他财产征收个人所得税问题的批复》（财税〔2008〕83 号）等文件规定处理。主要内容：（1）纳税年度内个人投资者从其投资企业（个人独资企业、合伙企业除外）借款，在该纳税年度终了后既不归还，又未用于企业生产经营的，其未归还的借款可视为企业对个人投资者的红利分配，依照“利息、股息、红利所得”项目缴纳个人所得税。（2）企业投资者个人、投资者家庭成员或企业其他人员向企业借款用于购买房屋及其他财产，将所有权登记为投资者、投资者家庭成员或企业其他人员，且借款年度终了后未归还借款的。

对个人独资企业、合伙企业的个人投资者或其家庭成员取得的上述所得，视为企业对个人投资者的利润分配，按照“个体工商户的生产、经营所得”项目缴纳个人所得税；对除个人独资企业、合伙企业以外其他企业的个人投资者或其家庭成员取得的上述所得，视为企业对个人投资者的红利分配，按照“利息、股息、红利所得”项目缴纳个人所得税；对企业其他人员取得的上述所得，按照“工资、薪金所得”项目缴纳个人所得税。

2. 正确理解借款年度的概念

财税〔2003〕158 号文件规定“在该纳税年度终了后不归还”，指在发生借款的年度尚未归还借款。例如，个人投资者于 2016 年 12 月向企业借款，在 2016 年 12 月 31 日尚未归还的，即属于“在该纳税年度终了后不归还”的情形。

《国家税务总局关于印发〈个人所得税管理办法〉的通知》（国税发〔2005〕120 号）规定，对期限超过一年又未用于企业生产经营的借款，严格按照有关规定征税。该条款中的“期限超过一年”与财税〔2003〕158 号文件规定的“纳税年度终了”概念有所不同，应按照财税〔2003〕158 号文件的规定执行。

3. 用于生产经营的理解

个人借款缴纳个人所得税的条件之一是“未用于企业生产经营”。税务机关判断个人借款是否用于生产经营在征管中有不小的难度，只能根据年底是否归还借款进行判定。某稽查案例显示，某企业被税务机关稽查后，为年底借钱不还的股东出具用于生产经营的各种证明，但最终也未得到税务机关的认可。

4. 企业盈亏对视同分配的影响

个人股东长期借款不还，是否应根据企业盈亏情况来判定其个人所得税纳税义务？如企业亏损，即使股东的借款行为达到了规定的应纳税条件，是否不应视同分配计算个人所得税，或者以实现的可供分配利润为限来计算个人所得税？

在实务中，企业常以借款形式进行利润分配。如股东要求回报，但出于税款的考虑，代之以借款的形式。另外，企业假亏实盈，无法分配，用借款形式分配给股东同时规避个人所得税义务等。因此，在判断个人股东借款个人所得税义务时，不应考虑企业盈亏情况。

5. 账务处理以及税款计算

案例：甲企业是有限责任公司，2016 年 6 月为某高级管理人员购买汽车，价值 15 万元，汽车的所有权登记为该高管个人。甲企业以借款给该高管的形式支付款项，账务上计入“其他应收款”科目，在 2016 年年底该款项尚未归还。暂不考虑其当月工资等情况。

根据财税〔2003〕158 号文件规定，企业其他人员向企业借款用于购买房屋及其他财产，将所有权登记为企业其他人员，且借款年度终了后未归还借款的，按照“工资、薪金所得”项目缴纳个人所得税。

（1）将该借款作为不含税工资计算个人所得税

该高管取得了 15 万元的汽车，相当于取得了 15 万元工资，因此应按照不含税金额计算个人所得税：（245309.09 − 3500）×45% − 13505≈95309.09（元）。账务处理为：

借：管理费用——职工薪酬　　245309.09

贷：应付职工薪酬　　245309.09

借：应付职工薪酬　　245309.09

贷：其他应收款　　150000

应交税费——应交个人所得税　　95309.09

需要说明的是，《国家税务总局关于雇主为雇员承担全年一次性奖金部分税款有关个人所得税计算方法问题的公告》（国家税务总局公告2011年第28号）第四条规定，雇主为雇员负担的个人所得税款，应属于个人工资薪金的一部分。凡单独作为企业管理费列支的，在计算企业所得税时不得税前扣除。

本案例中，企业为员工负担的个人所得税税款，未单独作为管理费（注意，不是指管理费用）列支，而是计入当期的工资薪金，因此可以在企业所得税税前扣除。

（2）将该借款作为含税工资计算个人所得税

应纳个人所得税：(150000 - 3500) × 45% - 13505 = 52420（元），账务处理为：

借：管理费用——职工薪酬 150000

贷：应付职工薪酬 150000

借：应付职工薪酬 150000

贷：其他应收款 97580

应交税费——应交个人所得税 52420

从该高管处收回个人所得税款：

借：银行存款 52420

贷：其他应收款 52420

其他应收款全部冲销完毕。

从上可知，按照含税工资计算个人所得税额为52420元，而按照不含税工资计算个人所得税额为95309.09元，差额较大。

【结论】

公司股东从公司借款，年终未归还且未用于生产经营，按照股东分红计征个人所得税。

问题点 26　盈余公积、未分配利润转增实收资本，对个人取得的红股数额是否计征个人所得税？

【解析】

《国家税务总局关于股份制企业转增股本和派发红股征免个人所得税的通知》（国税发〔1997〕198 号）规定，股份制企业用于盈余公积金派发红股属于股息、红利性质的分配，对个人取得的红股数额，应作为个人所得征税。

《关于转增注册资本征税个人所得税问题的批复》（国税函〔1998〕333 号）规定，青岛路邦石油化工有限公司从税后利润中提取的法定公积金和任意公积金转增注册资本，实际上是该公司将盈余公积金向股东分配了股息、红利，股东再以分得的股息、红利增加注册资本。因此，对属于个人股东分得并再投入公司（转增注册资本）的部分应按照“利息、股息、红利所得”项目征收个人所得税，税款由公司代扣代缴。

【结论】

公司的盈余公积、未分配利润转增实收资本，对个人股东取得的红股数额，按照股东分红计征个人所得税。

问题点 27　其他资本公积金转增实收资本由个人所得部分是否计征收个人所得税？

【解析】

实际工作中，不少企业投资者为了增加企业和股东自己的资本，在实际不增加投资资金的情况下，采取对资产评估增值，来增加企业权益的资本公积金，然后再将增加的资本公积金分配转增投资者的个人股本。

《国家税务总局关于股份制企业转增股本和派发红股征免个人所得税的通知》（国税发〔1997〕198 号）规定，股份制企业用资本公积金转增股本不属于股息、红利性质的分配，对个人取得的转增股本数额，不作为个人所得，不计征个人所得税。

股份制企业股票溢价发行形成的资本公积金转增个人股东股本不作为应税所得，不计征个人所得税；其他资本公积金转增个人股本，应当依法征收个人所得税，其他资本公积金包括：企业接受捐赠、拨款转入、外币资本折算差额、资产评估增值等形成的资本公积金。

【结论】

其他资本公积金包括：企业接受捐赠、拨款转入、外币资本折算差额、资产评估增值等形成的资本公积金。这部分资本公积金转增实收资本，个人股东所得部分按照股东分红计征个人所得税。

问题点 28 已分配挂账但未支付的股利是否计征个人所得税？

【解析】

《国家税务总局关于利息、股息、红利所得征税问题的通知》（国税函〔1997〕656 号）规定，扣缴义务人将属于纳税义务人应得的利息、股息、红利收入，通过扣缴义务人的往来会计科目分配到个人名下，收入所有人有权随时提取，在这种情况下，扣缴义务人将利息、股息、红利所得分配到个人名下，即应认为所得的支付，应按照税收法规规定及时代扣代缴应缴纳的个人所得税。

【结论】

因个人股东的红利已分配，未支付挂账，股东随时有权提取，应按照股东分红计征个人所得税。

八、关于消费税

问题点 1　应税消费品连同包装物销售的税务风险

【解析】

《中华人民共和国消费税暂行条例实施细则》第十三条规定，应税消费品连同包装物销售的，无论包装物是否单独计价以及在会计上如何核算，均应并入应税消费品的销售额中缴纳消费税。如果包装物不作价随同产品销售，而是收取押金，此项押金则不应并入应税消费品的销售额征税。但对因逾期未收回的包装物不再退还的或已收取的时间超过 12 个月的押金，应并入应税消费品的销售额，按照应税消费品的适用税率缴纳消费税。

【结论】

对既作价随同应税消费品销售，又另外收取押金的包装物的押金，凡纳税人在规定的期限内没有退还的，均应并入应税消费品的销售额，按照应税消费品的适用税率缴纳消费税。

问题点2 酒类产品生产企业销售酒类产品而收取包装物押金的税务风险

《财政部、国家税务总局关于酒类产品包装物押金征税问题的通知》（财税字〔1995〕53号）规定，从1995年6月1日起，对酒类产品生产企业销售酒类产品而收取的包装物押金，无论押金是否返还与会计上如何核算，均需并入酒类产品销售额中，依据酒类产品的适用税率征收消费税。

《中华人民共和国消费税暂行条例》规定，对啤酒和黄酒实行从量定额的办法征收消费税，即按照应税数量和单位税额计算应纳税额，按照这一办法征税的消费品的计税依据为应税消费品的数量，而非应税消费品的销售额，征税的多少与应税消费品的数量成正比，而与应税消费品的销售金额无直接关系。

【结论】

对酒类包装物押金征税的规定只适用于实行从价定率办法征收消费税的粮食白酒、薯类白酒和其他酒，而不适用于实行从量定额办法征收消费税的啤酒和黄酒产品。

问题点3 应税消费品视同销售的税务风险

【解析】

《中华人民共和国消费税暂行条例》第四条规定，纳税人生产的应税消费品，于纳税人销售时纳税，纳税人自产自用的应税消费品，用于连续生产应税消费品的，不纳税；用于其他方面的，于移送使用时纳税。

委托加工的应税消费品，除受托方为个人外，由受托方在向委托方交货时代收代缴税款。委托加工的应税消费品，委托方用于连续生产应税消费品的，所纳税款准予按规定扣抵。

【结论】

《中华人民共和国消费税暂行条例实施细则》第六条规定，条例第四条第一款所称用于连续生产应税消费品，是指纳税人将自产自用的应税消费品作为直接材料生产最终应税消费品，自产自用应税消费品构成最终应税消费品的实体。所称其他方面，是指纳税人将自产自用应税消费品用于生产非应税消费品、在建工程、管理部门、非生产机构、提供劳务、馈赠、赞助、集资、广告、样品、职工福利、奖励等方面。

问题点 4　混淆不同税率应税消费品销售的税务风险

【解析】

《中华人民共和国消费税暂行条例》第三条规定，纳税人兼营不同税率的应税消费品，应当分别核算不同税率应税消费品的销售额、销售数量；未分别核算销售额、销售数量的，或将不同税率的应税消费品组成成套消费品销售的，从高适用税率。

【结论】

兼营不同税率的应税消费品的企业，必须严格按照不同税率应税消费品的销售额、销售数量进行单独核算。不能单独核算应税消费品销售额、销售数量的，或将不同税率的应税消费品组成成套消费品销售的，将面临按照应税消费品最高税率缴纳。

问题点 5　成本利润率确定错误的税务风险

【解析】

《中华人民共和国消费税暂行条例》第七条规定，纳税人自产自用的应税消费品，按照纳税人生产的同类消费品的销售价格计算纳税；没有同类消费品销售价格的，按照组成计税价格计算纳税。

实行从价定率办法计算纳税的组成计税价格计算公式：

组成计税价格 =（成本 + 利润）÷（1 − 比例税率）

实行复合计税办法计算纳税的组成计税价格计算公式：

组成计税价格 =（成本 + 利润 + 自产自用数量 × 定额税率）÷（1 − 比例税率）

《中华人民共和国消费税暂行条例实施细则》第十七条规定，条例第七条所称利润，是根据应税消费品的全国平均成本利润率计算的利润。应税消费品全国平均成本利润率由国家税务总局确定。

《消费税若干具体问题的规定》（国税发〔1993〕156 号）第三条第（二）项规定，应税消费品全国平均成本利润率规定如下：

甲类卷烟：10%；乙类卷烟 5%；雪茄烟 5%；烟丝 5%；粮食白酒 10%；薯类白酒 5%；其他酒 5%；酒精 5%；化妆品 5%；护肤护发品 5%；鞭炮、焰火 5%；重首饰及珠宝玉石 6%；汽车轮胎 5%；摩托车 6%；小轿车 8%；越野车 6%；小客车 5%。

【结论】

企业常犯的错误有两种：一是均按增值税成本利润率 10% 计

算组成计税价格；二是计算增值税和消费税时分别按照增值税成本利润 10% 和消费税成本利润计算组成计税价格。而正确的做法是，不管应税消费品的增值税还是消费税均按照消费税成本利润率计算组成计税价格。

问题点 6　委托方以高于受托方的计税价格出售的，不属于直接销售，需按照规定申报缴纳消费税

【解析】

《中华人民共和国消费税暂行条例实施细则》第七条规定，委托加工的应税消费品直接出售的，不再缴纳消费税。

【结论】

《财政部、国家税务总局关于〈中华人民共和国消费税暂行条例实施细则〉有关条款解释的通知》（财法〔2012〕8 号）规定，委托方将收回的应税消费品，以不高于受托方的计税价格出售的，为直接出售，不再缴纳消费税；委托方以高于受托方的计税价格出售的，不属于直接出售，需按规定申报缴纳消费税，在计税时准予扣除受托方已代收代缴的消费税。

问题点 7　委托加工应税消费品的税务风险

【解析】

《中华人民共和国消费税暂行条例》第八条规定，委托加工的应税消费品，按照受托方的同类消费品的销售价格计算纳税；没

有同类消费品销售价格的，按照组成计税价格计算纳税。

实行从价定率办法计算纳税的组成计税价格公式：

组成计税价格 =（材料成本 + 加工费）÷（1 − 比例税率）

实行复合计税办法计算纳税的组成计税价格计算公式：

组成计税价格 =（材料成本 + 加工费 + 委托加工数量 × 定额税率）÷（1 − 比例税率）

《中华人民共和国消费税暂行条例实施细则》第十九条规定，条例第八条所称加工费，是指受托方加工应税消费品向委托方所收取的全部费用（包括代垫辅助材料的实际成本）。

委托加工，是指由委托方提供原料或主要材料，受托方只收取加工费和代垫部分辅助材料进行加工。

【结论】

对于由受托方提供原料生产的产品或受托方先将原材料卖给委托方，然后再接受加工的产品，以及由受托方以委托方的名义购进原材料生产的产品，不论在财务上是否作销售处理，都不得作为委托加工产品，而应当按照销售自制产品征收增值税和消费税。

问题点 8　白酒生产企业向商业销售单位收取“品牌使用费”的税务风险

【解析】

《国家税务总局关于酒类产品消费税政策问题的通知》（国税发〔2002〕109 号）第三条规定，白酒生产企业向商业销售单位收取的“品牌使用费”是随着应税白酒的销售而向购货方收取的，属于应税白酒销售价款的组成部分。

【结论】

白酒生产企业向商业销售单位收取的“品牌使用费”，不论企业采取何种方式或以何种名义收取价款，均应并入白酒的销售额中缴纳消费税。

问题点9　啤酒生产企业向关联企业的啤酒销售公司销售啤酒的税务风险

【解析】

《国家税务总局关于啤酒计征消费税有关问题的批复》（国税函〔2002〕166号）规定，对啤酒生产企业销售的啤酒，不得以向其关联企业的啤酒销售公司销售的价格作为确定消费税税额的标准，而应当以其关联企业的啤酒销售公司对外销售的价格（包含包装物及包装物押金）作为确定消费税税额的标准，并依此确定该啤酒消费税单位税额。

【结论】

啤酒生产企业向关联企业的啤酒销售公司销售啤酒，应当以其关联企业的啤酒销售公司对外销售的价格（包含包装物及包装物押金）作为确定消费税税额的标准，并依此确定该啤酒消费税单位税额。

问题点 10　啤酒集团内部企业间销售（调拨）啤酒液的税务风险

【解析】

《国家税务总局关于啤酒集团内部企业间销售（调拨）啤酒液征收消费税问题的批复》（国税函〔2003〕382 号）规定：

（1）啤酒生产集团内部企业间调拨的啤酒液，应由啤酒液生产企业按现行规定申报缴纳消费税。

（2）购入方企业应依据取得的销售方啤酒液所开具的增值税发票上记载的销售数量、销售额、销售单价确认销售方啤酒液适用的消费税单位税额，单独建立外购啤酒液购入使用台账，计算外购啤酒液已纳消费税额。

（3）购入方使用啤酒液连续灌装生产并对外销售的啤酒，应依据其销售价格确定适用单位税额计算缴纳消费税，但其外购啤酒液的消费税额，可以从其当期应纳消费税额中抵减。

【结论】

啤酒生产集团内部企业间调拨的啤酒液，应由啤酒液生产企业按现行规定申报缴纳消费税；购入方使用啤酒液连续灌装生产并对外销售的啤酒，应依据其销售价格确定适用单位税额计算缴纳消费税，但其外购啤酒液的消费税额，可以从其当期应纳消费税额中抵减。

问题点 11　卷烟消费税计算的税务风险

【解析】

《财政部、国家税务总局关于调整烟类产品消费税政策的通知》（财税〔2001〕91 号）规定，卷烟消费税税率由《中华人民共和国消费税暂行条例》规定的比例税率调整为定额税率和比例税率。税率具体调整如下：

（1）定额税率：每标准箱（50000 支，下同）150 元；

（2）比例税率：

①每标准条（200 支，下同）调拨价格在 50 元（含 50 元，不含增值税）以上的卷烟税率为 45%；

②每标准条调拨价格在 50 元（不含增值税）以下的卷烟税率为 30%；

③下列卷烟一律适用 45% 的比例税率：进口卷烟；白包卷烟；手工卷烟；自产自用没有同牌号、规格调拨价格的卷烟；委托加工没有同牌号、规格调拨价格的卷烟；未经国务院批准纳入计划的企业和个人生产的卷烟。

《国家税务总局关于卷烟消费税计税依据有关问题的通知》（国税函〔2009〕271 号）规定，卷烟工业环节纳税人销售的卷烟，应按实际销售价格申报纳税，实际销售价格低于最低计税价格的，按照最低计税价格申报纳税。

【结论】

卷烟消费税的税务风险，一是税率确定，二是计税依据确定。

九、关于企业所得税

问题点 1 所有罚款支出都不能在所得税前扣除吗？

在实际工作中，企业会计认为所有的罚款都不能在所得税前列支，年终汇算清缴时，都进行了纳税调整，给企业造成多纳税的税务风险。

【解析】

《中华人民共和国企业所得税法》第八条规定，企业实际发生的与取得收入有关的、合理的支出，包括成本、费用、税金、损失金额其他支出，准予在计算应纳税所得额时扣除。第十条规定，罚金、罚款和被没收财物的损失，不得在税前扣除。

一类是行政性罚款，其大多依据的是国家法律、行政法规，具有较强的法定性和强制性，如工商登记部门、税务部门、公安部门对企业罚款，不能在税前扣除。

一类是经营性罚款，主要是根据经济合同或行业惯例，对企业在经营活动中的违约行为给予的惩罚，如纳税人按照经济合同规定支付的违约金（包括银行罚息）、罚款和诉讼费，可以在税前扣除。

经营性罚款并非都不需要取得发票，在作为价外费用时必须取得发票才能列支。

签订购销合同的双方，如果合同未履行，收到违约金的一方将其作为营业外收入，并入当期应纳税所得额，计算缴纳所得税。因为未发生经营活动，所以不涉及流转税问题，不需要取得发票。

签订购销合同的双方，如销售方因不能按期交货等（不包括质量问题）原因造成违约，购货方收的违约金，作为营业外收入，并入当期应纳税所得额，计算缴纳所得税，因为未实际发生销售商品、提供服务等经营活动，所以不涉及流转税问题，不需要取得发票。

签订购销合同的双方，如销售方因质量问题造成违约，则属于销售折让的范畴，购货方收的违约金，应作进项税转出处理，购货方需提供主管税务机关出具的销售折扣折让或退货证明，销售方凭此开具红字发票。

合同已履行，购货方因违约而付给销售方违约金，则该违约金应属于价外费用，要随同价款一起计征流转税，此时，销售方收到的违约金应出具发票。

购货方（付款方）收到违约金，无论对方在何时违约，都不需要开具发票，只需开具收据，开具发票的前提是销售商品、提供劳务等而取得了经营收入，而购货方收取违约金并不是经营收入，因此不需要开具发票。销售方应当出具发票的，购货方必须以发票作为合法凭证，否则不得在税前扣除。

【结论】

企业发生的罚款要区分行政性罚款和经营性罚款，行政性罚款不得在所得税前列支；经营性罚款也应当区分业务不同而是否需要取得发票才能在所得税前列支。

问题点 2 业务招待费与其他费用混淆是否需要对所得税进行调整？

实际工作中，企业会计因为知道业务招待费有列支限额，所以把业务招待费与其他费用混淆列支，造成企业纳税风险。

【解析】

《中华人民共和国企业所得税法实施条例》第四十三条规定，企业发生的与生产经营活动有关的业务招待费支出，按照发生额的60%扣除，但最高不得超过当年销售（营业）收入的5‰。

1. 业务招待费的列支范围

通常业务招待费的支付范围界定为与企业生产经营活动有关的餐饮、香烟、酒水、食品、赠送的礼品、土特产品、旅游门票、正常的娱乐活动等费用支出。企业应准备足够的材料来证明与生产经营有关，并同时保证业务招待费的真实性，越客观的证据越有效。

企业应将业务招待费与会议费、业务宣传费等其他费用严格区分，不得将业务招待费挤入其他费用，同时要严格区分客户的回扣、贿赂等非法支出，对此不能作为业务招待费应直接纳税调整。一般来讲，外购礼品用于赠送的，应作为业务招待费，但如果礼品是纳税人自行生产的或委托加工的，赠送潜在客户，对企业形象、产品有标记及宣传作用的，也可以作为业务宣传费。但是，赠送既有客户，是用来维系客户关系的一种手段，不能起到宣传作用的，应作为业务招待费用。

2. 业务招待费不等于餐费

在实际工作中，有的企业财务人员认为餐费就是业务招待费，也有的企业财务人员认为业务招待费就是餐费，错误地把餐费和业务招待费画上等号，导致企业多交或少交企业所得税。

业务招待费除了用于接待的餐费，还包括向客户赠送的礼品、正常的娱乐活动等。

重大节日的员工聚餐、加班工作餐等，与接待客户根本没有关系，只是企业内部员工发生的餐费，显然不属于业务招待费，聚餐可以在福利费列支，工作餐则可以在办公费列支。

差旅费中发生的餐费可以全额税前扣除。差旅费是指出差途中的费用支出，包括购买车、船、火车、飞机的票费，住宿费、伙食补助及其他支出。使用餐费发票报销出差旅途中的用餐需填写差旅费报销单，列明出差人员姓名、地点、时间、任务等内容，与车票、住宿费发票等支付凭证一起作为附件；为了减少争议，建议企业最好不用餐费发票报销，而改用发放误餐补助的方式，不但在企业所得税前可以扣除，也不征收个人所得税。

3. 会议费中发生的餐费可全额税前扣除

会议费是指召开会议发生的一切合理费用，包括租用会议室费用、会议资料费、交通费、茶水费、餐费、住宿费等支出。但企业要保存好会议费的证明材料，具体包括会议时间、地点、出席人员、内容、目的、费用标准、支付凭证等，另外，最好不要单独开具餐费发票，而应根据实际用途一并按会议费开具发票。

4. 从事股权投资业务的企业业务招待费扣除限额

计算基数仅包括从被投资企业所分配的股息、红利以及股权转让收入三项收入，不包括权益法核算的账面投资收益，以及按照公允价值计量金额资产的公允价值变动。

【结论】

企业列支的业务招待费应严格与其他费用区分开来，既不要把业务招待费混入其他费用中，也不要把本属于福利费或业务宣传费的费用列支到业务招待费中，造成企业多交或少交企业所得税。

问题点 3 向关联方借款的利息支出应该遵照何种标准？超过标准利息支出是否可以在所得税前扣除？

【解析】

《中华人民共和国企业所得税法实施条例》第三十八条规定：“企业在生产经营活动中发生的下列利息支出，准予扣除：

……

（二）非金融企业向非金融企业借款的利息支出，不超过按照金融企业同期同类贷款利率计算的数额部分。”

《财政部、国家税务总局关于企业关联方利息支出税前扣除标准有关税收政策问题的通知》（财税〔2008〕121 号）规定：

“一、在计算应纳税所得额时，企业实际支付给关联方的利息支出，不超过以下规定比例和税法及其实施条例有关规定计算的部分，准予扣除，超过的部分不得在发生当期和以后年度扣除。

企业实际支付给关联方的利息支出，除符合本通知第二条规定外，其接受关联方债权性投资与权益性投资比例为：

（一）金融企业，为5∶1；（二）其他企业，为2∶1。

二、企业如果能够按照税法及其实施条例的有关规定提供相关资料，并证明相关交易活动符合独立交易原则的；或者该企业的实际税负不高于境内关联方的，其实际支付给境内关联方的利息支出，在计算应纳税所得额时准予扣除。”

企业向个人借款利息支出的扣除条件，根据《国家税务总局关于企业向自然人借款的利息支出企业所得税税前扣除问题的通知》（国税函〔2009〕777号）的规定：

“一、企业向股东或其他与企业有关联的自然人借款的利息支出，应根据《中华人民共和国企业所得税法》（以下简称税法）第四十六条及《财政部、国家税务总局关于企业关联方利息支出税前扣除标准有关纳税政策问题的通知》（财税〔2008〕121号）规定的条件，计算企业所得税扣除额。

二、企业向除第一项以外的内部职工或其他人员借款的利息支出，其借款情况同时符合以下条件的，其利息支出在不超过按照金融企业同期同类贷款利率计算的数额的部分，根据税法第八条和税法实施条例第二十七条规定，准予扣除。

（一）企业与个人之间的借贷是真实、合法、有效的，并且不具有非法集资目的或其他违反法律、法规的行为；

（二）企业与个人之间签订了借款合同。”

【结论】

由于债务人支付给债权人的利息可以在税前扣除，而股东获得的股息不能在税前扣除，纳税人在为投资经营而筹措资金时，常常刻意设计资金来源结构，加大借入资金比例，扩大债务与权益的比率，形成“资本弱化”，但由于财务人员对税法政策掌握不够全面，仅仅知道利率超过金融企业同期同类贷款利率的部分需要纳税调整，却不知道关联方借款利息支出扣除还要受到债资比的限制，而给企业带来税务风险。

问题点 4　新办企业的开（筹）办费在企业所得税上应当如何处理？

【解析】

《国家税务总局关于企业所得税若干税务事项衔接问题的通知》（国税函〔2009〕98 号）第九条规定，新税法中开（筹）办费未明确列作长期待摊费用，企业可以在开始经营之日的当年一次性扣除，也可以按照新税法有关长期待摊费用的处理规定处理，但一经选定，不得改变。企业在新税法实施以前年度的未摊销完的开办费，也可根据上述规定处理。

【结论】

企业开（筹）办费用可以在开始经营之日起的当年一次性扣除，也可以在长期待摊费用中逐年摊销，但一经选定，不得改变。

问题点 5　新办企业筹办期间发生的业务招待费可以在企业所得税税前扣除吗？

【解析】

《关于企业所得税应纳税所得额若干税务处理问题的公告》（国家税务总局公告 2012 年第 15 号）第五条规定，企业在筹建期间，发生的与筹办活动有关的业务招待费支出，可按实际发生额的 60% 计入企业筹办费，并按有关规定在税前扣除。

【结论】

企业筹办期间发生的业务招待费应作为筹办费，按规定的比例计算后，可以在企业所得税税前扣除。

问题点 6　企业筹办期间可以计算为亏损年度吗？

【解析】

根据《国家税务总局关于贯彻落实企业所得税法若干税收问题的通知》（国税函〔2010〕79 号）中关于“企业筹办期间不计算为亏损年度问题”的规定，企业自开始生产经营的年度，为开始计算企业损益的年度。企业从事生产经营之前进行筹办活动期间发生筹办费用支出，不得计算为当期的亏损，应按照《国家税务总局关于企业所得税若干税务事项衔接问题的通知》（国税函〔2009〕98 号）第九条规定执行。因此，企业筹办期间不计算为亏损年度。

【结论】

企业自开始生产经营的年度，为开始计算企业损益的年度，筹办期间不计算为损益年度。

问题点 7　公司在年底还是处在筹建期间，没有取得收入，都是费用支出，是否要进行企业所得税年度汇算清缴申报？

【解析】

《中华人民共和国企业所得税法实施条例》第一百二十九条规定，企业在纳税年度内无论盈利或者亏损，都应当依照企业所得税法第五十四条规定的期限，向税务机关报送预缴企业所得税纳税申报表、年度企业所得税纳税申报表、财务会计报告和税务机关规定应当报送的其他有关资料。

《国家税务总局关于贯彻落实企业所得税法若干税收问题的通知》（国税函〔2010〕79号）第七条规定，企业筹办期间不计算为亏损年度问题，企业自开始生产经营的年度，为开始计算企业损益的年度。因此，处在筹建期间的企业不需要企业所得税年度汇算清缴。

【结论】

企业在筹建期间应该按照规定正常向税务机关报送预缴企业所得税纳税申报表、年度企业所得税纳税申报表、财务会计报告和税务机关规定应当报送的其他有关资料。处于筹建期间的企业不需要进行企业所得税年度汇算清缴。

问题点8 企业处于筹建期，收到的政府土地基础设施财政补助款，如何缴纳企业所得税？

【解析】

《财政部、国家税务总局关于财政性资金、行政事业性收费、政府性基金有关企业所得税政策问题的通知》（财税〔2008〕151号）第一条第（三）项规定，纳入预算管理的事业单位、社会团体等组织按照核定的预算和经费报领关系收到的由财政部门或上级单位拨入的财政补助收入，准予作为不征税收入，在计算应纳税所得额时从收入总额中减除，但国务院和国务院财政、税务主管部门另有规定的除外。

【结论】

该政府土地基础设施财政补助款符合不征税收入条件的，按不征税收入处理，如不符合不征税收入条件的按规定冲减筹办费用。若收入大于开办费，在开始生产经营年度当年一次性计入应税收入。

问题点 9　弥补亏损问题点

1. 可以税前弥补亏损的五种情形

（1）变更主管税务机关后，原未弥补完的亏损是否可以继续弥补？

【解析】

《中华人民共和国企业所得税法》第十八条规定，企业纳税年度发生的亏损，准予向以后年度结转，用以后年度的所得弥补，但结转年限最长不得超过 5 年。该法规定发生的年度亏损予以结转，主要是基于纳税主体的持续经营。

【结论】

因为厂房搬迁，变更了主管的税务机关，属于法律形式的简单改变，纳税人办理变更税务登记证后，有关企业所得税纳税事项由变更后的纳税人承继，包括之前未弥补完的亏损，可在规定的限期内继续弥补。

（2）企业清算所得可以弥补以前年度的亏损吗？

【解析】

根据《财政部、国家税务总局关于企业清算业务企业所得税处理若干问题的通知》（财税〔2009〕60 号）的规定，应进行所得税清算处理的企业包括：①按公司法、企业破产法等规定需要进行清算的企业。②企业重组中需要按清算处理的企业。根据财税〔2009〕60号规定，企业清算的所得税处理包括依法弥补亏损，确定清算所得。

【结论】

企业进行清算处理时，可以弥补以前年度的亏损。

（3）研发费用加计扣除形成的亏损是否可以弥补？

【解析】

《国家税务总局关于企业所得税若干税务事项衔接问题的通知》（国税函〔2009〕98号）第八条规定，关于技术开发费的加计扣除形成的亏损的处理，企业技术开发费加计扣除部分已形成企业年度亏损，可以用以后年度所得弥补，但结转年限最长不得超过5年。

【结论】

可以用以后年度所得弥补，但结转年限最长不得超过5年。

（4）政策性搬迁的所得是否可以弥补企业以前年度亏损？

【解析】

《国家税务总局关于发布〈企业政策性搬迁所得税管理办法〉的公告》（国家税务总局公告2012年第40号）第二十一条规定，企业以前年度发生尚未弥补的亏损的，凡企业由于搬迁停止生产经营无所得的，从搬迁年度次年起，至搬迁完成年度前一年度止，可作为停止生产经营活动年度，从法定亏损结转弥补年限中减除；企业边搬迁、边生产的，其亏损结转年度应连续计算。

【结论】

政策性搬迁的所得可以按照上述文件规定办理亏损弥补。

（5）企业销售未完工开发产品取得的收入是否可以弥补以前年度的亏损？

【解析】

《国家税务总局关于印发〈房地产开发经营业务企业所得税处理办法〉的通知》（国税发〔2009〕31号）第九条规定，企业销售未完工开发产品取得的收入，应先按预计计税毛利率分季（或月）计算出预计毛利额，计入当期应纳税所得额。《中华人民共和国企业所得税法》第五条规定，企业每一纳税年度的收入总额，减除不征税收入、免税收入、各项扣除以及允许弥补的以前年度亏损后的余额，为应纳税所得额。

【结论】

企业销售未完工开发产品取得的收入，可以弥补以前年度的亏损。

2. 不可以税前弥补亏损的五种情形

（1）超过5年的亏损余额是否还允许弥补？

【解析】

《中华人民共和国企业所得税法》第十八条规定，企业纳税年度发生的亏损，准予向以后年度结转，用以后年度的所得弥补，但结转年限最长不得超过5年。

【结论】

超过5年弥补期仍未弥补完，则不能再用以后年度的应纳税所得额弥补。

（2）减免税收入是否可用于弥补应税亏损？

【解析】

《中华人民共和国企业所得税法实施条例》第十条规定，企业所得税法所称亏损，指企业将每一纳税年度的收入总额减除不征税收入、免税收入和各项扣除后小于零的数额。此条款明确规定企业免税所得包括不征税收入不再用于弥补亏损。

【结论】

应税项目与减免税项目不得“互为调剂”，而应各自纳税与补亏，免税项目不得弥补应税项目的亏损。

（3）核定征收年度可以弥补亏损吗？

【解析】

《国家税务总局关于印发〈企业所得税核定征收办法〉（试行）的通知》（国税发〔2008〕30号）第六条规定，采用应税所得率方式核定征收企业所得税的，应纳所得税额计算公式如下：应纳所得税额 = 应纳税所得额 × 适用税率。而在应税收入的确认上，《国家税务总局关于企业所得税核定征收若干问题的通知》（国税函〔2009〕377号）规定，应税收入额等于收入总额减去不征税收入和免税收入后的余额。用公式表示为：应税收入额 = 收入总额 - 不征税收入 - 免税收入，其中，收入总额为企业以货币形式和非货币形式从各种来源取得的收入。

【结论】

实行企业所得税核定征收的纳税人，其以前年度应弥补而未弥补的亏损不能在核定征收年度进行弥补。

（4）合并分立前的亏损可以结转弥补吗？

【解析】

根据《财政部、国家税务总局关于企业重组业务企业所得税处理若干问题的通知》（财税〔2009〕59号）和《国家税务总局关于发布〈企业重组业务企业所得税管理办法〉的公告》（国家税务总局公告2010年第4号）的规定，适用一般性税务处理的，被合并企业的亏损不得在合并企业结转弥补；企业分立相关企业的亏损不得相互结转弥补。

【结论】

被合并企业的亏损不得在合并企业结转弥补；企业分立相关企业的亏损不得相互结转弥补。

（5）境内盈利可以抵减境外亏损吗？

【解析】

《中华人民共和国企业所得税法》第十七条规定，企业在汇总计算缴纳企业所得税时，其境外营业机构的亏损不得抵减境内营业机构的盈利。

【结论】

境外亏损不可抵减境内盈利。

问题点10　劳务派遣用工在企业所得税前应作为工资薪金扣除，还是作为劳务费扣除？

【解析】

企业接受外部劳务派遣用工所实际发生的费用，应分两种情况按规定在税前扣除：按照协议（合同）约定直接支付给劳务派遣公司的费用，应作为劳务费支出；直接支付给员工个人的费用，应作为工资薪金支出和职工福利费支出。

其中属于工资薪金支出的费用，准予计入企业工资薪金总额的基数，作为计算其他各项相关费用扣除的依据。

【结论】

按照协议（合同）约定直接支付给劳务派遣公司的费用，应作为劳务费支出；直接支付给员工个人的费用，应作为工资薪金支出和职工福利费支出。其中属于工资薪金支出的费用，准予计入企业工资薪金总额的基数，作为计算其他各项相关费用扣除的依据。

问题点 11 企业股东、高管的娱乐、健身、旅游费用能否按职工福利的规定在所得税前扣除?

【解析】

《企业财务通则》第四十六条规定，企业不得承担属于个人的下列支出：（一）娱乐、健身、旅游、招待、购物、馈赠等支出。（二）购买商业保险、证券、股权、收藏品等支出。（三）个人行为导致的罚款、赔偿等支出。（四）购买住房、支付物业管理费等支出。（五）应由个人承担的其他支出。以上支出不得在企业财务上列支，更不能在税前扣除。

【结论】

很多中小企业公司负责人的费用经常需在公司报销，以上的五类是不允许扣除的。

问题点 12 企业为在职股东报销学历、学位教育的费用能否作为职工教育经费在企业所得税前扣除?

【解析】

《关于企业职工教育经费提取与使用管理的意见》（财建〔2006〕317 号）第三条第（九）项规定，企业职工参加社会上的学历教育以及个人为取得学位而参加的在职教育，所需费用应由个人承担，不能挤占企业的职工教育培训经费。

可在企业所得税税前计算扣除的职工教育经费的具体范围就只有 11 项：上岗和转岗培训；各类岗位适应性培训；岗位培训、职业技术等级培训、高技能人才培训；专业技术人员继续教育；特种作业人员培训；企业组织的职工外送培训的经费支出；职工参加的职业技能鉴定、职业资格认证等经费支出；购置教学设备与设施；职工岗位自学成才奖励费用；职工教育培训管理费用；有关职工教育的其他开支。

【结论】

公司为在职股东报销学历、学位教育的费用不能作为职工教育经费在企业所得税税前扣除。

问题点 13　补充养老保险、补充医疗保险如何扣除？

【解析】

企业根据国家有关政策规定，为在本企业任职或者受雇的全体员工支付的补充养老保险费、补充医疗保险费，分别在不超过职工工资总额 5% 以内的部分，在计算应纳税所得额时准予扣除。

【结论】

本企业任职或者受雇的全体员工支付的补充养老保险费、补充医疗保险费，分别在不超过职工工资总额 5% 以内的部分，在计算应纳税所得额时准予扣除。

补充保险对象需要惠及全体员工，如果是只给高管或者部分员工购买的补充保险，支出不得在税前扣除。

问题点 14 作为业务招待费、广告费和业务宣传费扣除基数的销售（营业）收入是否包含视同销售的收入?

【解析】

企业在计算业务招待费、广告费和业务宣传费等费用扣除限额时，其销售（营业）收入额应包括《中华人民共和国企业所得税法实施条例》第二十五条规定的视同销售（营业）收入额。

【结论】

企业所得税上应确认的销售（营业）收入 = 会计上的主营业务收入 + 会计上的其他业务收入 + 企业所得税应确认的视同销售收入

问题点 15 企业实际发生的成本、费用未能及时取得有效凭证，能否在企业所得税税前扣除?

【解析】

企业当年度实际发生的相关成本、费用，由于各种原因未能及时取得该成本、费用的有效凭证，企业在预缴季度所得税时，可暂按账面发生金额进行核算；但在汇算清缴时，应补充提供该成本、费用的有效凭证。

【结论】

简单来说就是，企业 2017 年度发生的成本费用，只要在 2018 年汇算清缴结束前取得了发票的，就可以在 2017 年度税前扣除。

问题点 16　企业投资者在规定期限内未缴足应缴资本的，企业对外借款所发生的利息支出能否全额扣除？

【解析】

《国家税务总局关于企业投资者投资未到位而发生的利息支出企业所得税前扣除问题的批复》（国税函〔2009〕312 号）规定，凡企业投资者在规定期限内未缴足其应缴资本额的，该企业对外借款所发生的利息，相当于投资者实缴资本额与在规定期限内应缴资本额的差额应计付的利息，不得在企业所得税税前扣除。

【结论】

该年度内每一计算期不得扣除的借款利息 = 该期间借款利息 ×（该期间未缴足注册资本额 ÷ 该期间借款额）

问题点 17　贴现银行承兑汇票发生的利息支出能否在所得税前扣除？

【解析】

《中华人民共和国企业所得税法》第八条规定，企业实际发生的与取得收入有关的、合理的支出，包括成本、费用、税金、损失和其他支出，准予在计算应纳税所得额时扣除。

《中华人民共和国企业所得税法实施条例》第二十七条规定，企业所得税法第八条所称有关的支出，是指与取得收入直接相关的支出。合理支出，是指符合生产经营活动常规，应当计入当期损益或有关资产成本的必要和正常的支出。

《中华人民共和国票据法》第十条规定，票据的签发、取得和转让，应当遵循诚实信用的原则，具有真实的交易关系和债权债务关系。票据的取得，必须给付对价，即应当给付票据双方当事人认可的相对应的代价。

真实、合法、合理是纳税人经营活动中发生支出可以税前扣除的主要条件和基本原则。合法性是指无论支出是否实际发生或合理与否，如果是非法支出，不符合税法的有关规定，即使财务会计法规或制度规定可作为费用支出，也不得在企业所得税税前扣除。

【结论】

单从票据上看，由于没有取得合规票据，贴现利息支出也不可以税前扣除。

问题点 18 与企业生产经营无关的担保支出能否在所得税前扣除?

【解析】

《企业资产损失所得税税前扣除管理办法》（国家税务总局公告 2011 年第 25 号）第四十四条规定，企业对外提供与本企业经营活动有关的担保，因被担保人不能按期偿还债务而承担的连带责任，经追索，被担保人无偿还能力，对无法追回的金额，比照本办法规定的应收款项损失进行处理。与本企业生产经营活动有关的担保是指企业对外提供的与本企业应税收入、投资、融资、材料采购、产品销售等生产经营活动相关的担保。

【结论】

企业为经营活动以外的企业提供担保，因担保损失支出，不得在企业所得税前扣除。

问题点 19　评估增值的固定资产多提折旧能否在所得税前扣除？

【解析】

《中华人民共和国企业所得税法实施条例》第五十六条规定，企业的各项资产，包括固定资产、生物资产、无形资产、长期待摊费用、投资资产、存货等，以历史成本为计税基础。

企业持有各项资产期间资产增值或减值，除国务院财政、税务主管部门规定可以确认损益外，不得调整该资产的计税基础。

【结论】

企业评估固定资产增值而多计提的折旧额不能在所得税前扣除，如果财务已按照增值后的固定资产计提了折旧，在企业所得税汇算清缴时调整回来。

问题点 20　企业无偿借出的固定资产计提的折旧能否在所得税前扣除？

【解析】

《中华人民共和国企业所得税法》第十一条规定，在计算应纳税所得额时，企业按照规定计算的固定资产折旧，准予扣除，下列固定资产不得计算折旧扣除：

（1）房屋、建筑物以外未投入使用的固定资产；

（2）以经营性租赁方式租入的固定资产；

（3）以融资租赁方式租出的固定资产；

（4）已足额提取折旧仍继续使用的固定资产；

（5）与经营活动无关的固定资产；

（6）单独估价作为固定资产入账的土地；

（7）其他不得计算折旧扣除的固定资产。

企业列支的不得税前扣除的固定资产折旧费用，通常有下列情形：

（1）除房屋、建筑物以外未投入使用的固定资产折旧都不得在税前扣除，只有房屋、建筑物，无论是否闲置都可以税前扣除；

（2）非公司名下的固定资产，以在股东个人名下的车辆最为常见；

（3）以收据等不合规票据列支的固定资产；

（4）季节性停工和大修理停工，不属于停止使用，折旧可以税前扣除；

（5）企业购入已提足折旧的固定资产根据购置成本和改造成本以及使用年限可以重新确定折旧年限；

（6）高值易耗品单位价值较高，但使用时间低于 12 个月，不能视为固定资产，作为易耗品处理，相关费用税前可以扣除。

【结论】

企业无偿向第三方借出的固定资产，该固定资产计提的折旧不得在企业所得税前扣除。

问题点 21　工程款项尚未结清未取得全额发票，可以暂按合同规定的金额计入固定资产计税基础计提折旧吗?

【解析】

《国家税务总局关于贯彻落实企业所得税法若干税收问题的通知》（国税函〔2010〕79 号）规定，企业固定资产投入使用后，由于工程款项尚未结清未取得全额发票的，可暂按合同规定的金额计入固定资产计税基础计提折旧，待发票取得后进行调整。但该项调整应在固定资产投入使用后 12 个月内进行。

【结论】

企业固定资产投入使用后，由于工程款项尚未结清未取得全额发票的，可暂按合同规定的金额计入固定资产计税基础计提折旧，待发票取得后进行调整。但该项调整应在固定资产投入使用 12 个月内进行。

问题点 22　通过捐赠、投资、非货币性资产交换、债务重组等方式取得的固定资产，如何确定折旧计税基础与年限?

【解析】

《中华人民共和国企业所得税法实施条例》第五十八条第（五）项规定，通过捐赠、投资、非货币性资产交换、债务重组等方式取得的固定资产，以该资产的公允价值和支付的相关税费为计税基础，不得低于实施条例规定的最低年限计提折旧。

【结论】

通过捐赠、投资、非货币性资产交换、债务重组等方式取得的固定资产，以该资产的公允价值和支付的相关税费为计税基础，不得低于实施条例规定的最低年限计提折旧。

问题点 23 劳动保护用品与福利工作服有哪些区别？

【解析】

《关于企业所得税若干问题的公告》（国家税务总局公告 2011 年第 34 号）第二条关于企业员工服饰费用支出扣除问题规定，企业根据其工作性质和特点，由企业统一制作并要求员工工作时统一着装所发生的工作服饰费用，可以作为企业合理的支出给予税前扣除。

劳动保护支出需要满足以下条件：

一是必须是确因工作需要，如果企业所发生的所谓支出，并非出于工作需要，那么其支出不得在税前扣除；

二是为其雇员配备或提供，而不是给其他与其没有任何劳动关系的人员配备或提供；

三是限于工作服、手套、安全保护用品、防暑降温品等，如高温冶炼企业职工、道路施工企业的防暑降温品、采煤工人的手套、头盔等用品。

【结论】

劳动保护用品支出可以在所得税前全额扣除，福利工作服按照职工福利费标准税前扣除。在增值税方面，劳动保护用品支出可以抵扣进项税，而福利费支出不得抵扣进项税。

问题点 24　不符合条件的捐赠赞助支出能否税前扣除？

【解析】

《中华人民共和国企业所得税法实施条例》第五十一条规定，企业所得税法第九条所称公益性捐赠，是指企业通过公益性社会团体或县级以上人民政府及其部门，用于《中华人民共和国公益事业捐赠法》规定的公益事业的捐赠。

《中华人民共和国企业所得税法实施条例》第五十三条规定，企业发生的公益性捐赠支出，不超过年度利润总额 12% 的部分，准予扣除。年度利润总额，是指企业依照国家统一会计制度的规定计算的年度会计利润。

《中华人民共和国企业所得税法实施条例》第五十四条规定，企业所得税法第十条第（六）项所称赞助支出，是指企业发生的与生产经营活动无关的各种非广告性质支出。

【结论】

公益性捐赠必须通过公益性社会团体或县级以上人民政府及其部门，用于《中华人民共和国公益事业捐赠法》规定的公益事业，直接向受捐对象进行的捐赠，不能税前扣除；实际发生且不符合纳税规定的公益性捐赠为非公益性捐赠，按照赞助支出处理，除广告性的赞助支出按照广告费和业务宣传费用的规定处理外，其他赞助支出不允许税前扣除；除国家另有规定外，企业发生的公益性捐赠支出，超过年度利润总额 12% 的部分不予税前扣除，年度利润总额为 0 或亏损的，也不能在税前扣除。

问题点 25 建设单位给予施工单位的建造合同外奖励款能否税前扣除?

【解析】

建设单位给予施工单位的奖励，要想在税前扣除，必须在建造合同中规定相关奖励条款，按照合同事先约定的条款支付奖励款，并取得施工单位开具的建安发票，将奖励款计入固定资产成本，以计提折旧的方式分期税前扣除。

【结论】

建设单位如果没有在建造合同中规定相关的奖励条款，给予施工单位的奖励款，不管是否取得建安发票，都不能在企业所得税前列支。

问题点 26 未超过税法规定的税前扣除范围和标准是否需要纳税调整?

【解析】

《中华人民共和国企业所得税法》第二十一条规定，在计算应纳税所得额时，企业财务、会计处理办法与税收法律、行政法规的规定不一致的，应当依照税收法律、行政法规的规定计算。

《关于企业所得税应纳税所得额若干税务处理问题的公告》（国家税务总局公告 2012 年第 15 号）第八条规定，根据《中华人民共和国企业所得税法》第二十一条规定，对企业依据财务会计制度规定，并实际在财务会计处理上已确认的支出，凡没有超过

《中华人民共和国企业所得税法》和有关税收法规规定的税前扣除范围和标准的，可按企业实际会计处理确认的支出，在企业所得税前扣除，计算其应纳税所得额。

【结论】

根据上述政策规定，企业按照会计要求确认的支出，没有超过《中华人民共和国企业所得税法》规定的标准和范围的，为减少会计与税法差异的调整，便于税收征管，企业按照会计上确认的支出，在税务处理时，将不再进行调整。

问题点 27　以前年度发生的应扣未扣支出能否在纳税年度扣除？

【解析】

根据《中华人民共和国税收征收管理法》的有关规定，对企业发现以前年度实际发生的、按照纳税规定应该在企业所得税前扣除而未扣除或少扣除的支出，企业做出专项申报及说明后，准予追补至该项目发生年度计算扣除，但追补期限不超过5 年。

【结论】

企业多缴的企业所得税税款，可以在追补确认年度企业所得税应纳税款中抵扣，不足抵扣的，可以向以后年度递延抵扣或申请退税；亏损企业追补确认以前年度未在企业所得税前扣除的支出，或盈利企业经过追补确认后出现亏损的，应首先调整该项支出所属年度的亏损额，然后再按照弥补亏损的原则计算以后年度多缴的企业所得税税款，并按前款规定处理。

问题点 28 每月随工资发放的交通补贴能否在所得税前扣除?

【解析】

《关于企业工资薪金和职工福利费等支出税前扣除问题的公告》（国家税务总局公告 2015 年第 34 号）第一条规定，列入企业员工工资薪金制度、固定与工资薪金一起发放的福利性补贴，符合《国家税务总局关于企业工资薪金及职工福利费扣除问题的通知》（国税函〔2009〕3 号）第一条规定的，可作为企业发生的工资薪金支出，按规定在税前扣除。不能同时符合上述条件的福利性补贴，应作为国税函〔2009〕3 号文件第三条规定的职工福利费，按规定计算限额税前扣除。

【结论】

企业随同工资薪金一并发放的交通补贴，可作为工资薪金支出，据实在税前扣除。若单独发放的，则作为职工福利费，按规定计算限额税前扣除。

问题点 29 为员工支付取暖费能否在所得税前扣除?

【解析】

《关于企业工资薪金及职工福利费扣除问题的通知》（国税函〔2009〕3 号）第三条和《中华人民共和国企业所得税法实施条例》第四十条规定的企业职工福利费，包括以下内容：（一）尚未实行分离办社会职能的企业，其内设福利部门所发生的设备、设施和人员费用，包括职工食堂、职工浴室、理发室、医务所、托儿所、疗养院等集体福利部门的设备、设施及维修保养费用和福利部门工作人员的工资薪金、社会保险费、住房公积金、劳务费等。（二）为职工卫生保健、生活、住房、交通等所发放的各项补贴和非货币性福利，包括企业向职工发放的因公外地就医费用、未实行医疗统筹企业职工医疗费用、职工供养直系亲属医疗补贴、供暖费补贴、职工防暑降温费、职工困难补贴、救济费、职工食堂经费补贴、职工交通补贴等。（三）按照其他规定发生的其他职工福利费，包括丧葬补助费、抚恤费、安家费、探亲假路费等。

【结论】

企业随同工资薪金一并发放的取暖费，可作为工资薪金支出，据实在税前扣除；若单独发放的，则作为职工福利费，按规定计算限额税前扣除。

问题点 30　为子公司员工缴纳社保和住房公积金能否在所得税前扣除？

【解析】

《中华人民共和国企业所得税法实施条例》第三十四条规定，工资薪金，是指企业每一纳税年度支付给在本企业任职或者受雇的员工的所有现金形式或者非现金形式的劳动报酬，包括基本工资、奖金、津贴、补贴、年终加薪、加班工资，以及与员工任职或者受雇有关的其他支出。

【结论】

子公司员工不属于“在本企业任职或者受雇的员工”，母公司为其缴纳的社保和住房公积金不得税前扣除。

问题点 31 负担员工伙食费能否在所得税前扣除？

【解析】

《国家税务总局关于企业工资薪金及职工福利费扣除问题的通知》（国税函〔2009〕3 号）第三条和《中华人民共和国企业所得税法实施条例》第四十条规定的企业职工福利费，包括以下内容：（一）尚未实行分离办社会职能的企业，其内设福利部门所发生的设备、设施和人员费用，包括职工食堂、职工浴室、理发室、医务所、托儿所、疗养院等集体福利部门的设备、设施及维修保养费用和福利部门工作人员的工资薪金、社会保险费、住房公积金、劳务费等。（二）为职工卫生保健、生活、住房、交通等所发放的各项补贴和非货币性福利，包括企业向职工发放的因公外地就医费用、未实行医疗统筹企业职工医疗费用、职工供养直系亲属医疗补贴、供暖费补贴、职工防暑降温费、职工困难补贴、救济费、职工食堂经费补贴、职工交通补贴等。（三）按照其他规定发生的其他职工福利费，包括丧葬补助费、抚恤费、安家费、探亲假路费等。

【结论】

企业为员工报销伙食费用，可作为职工福利费在税法规定限额内税前扣除。需要注意的是，一是要有合规票据，二是企业报销伙食费用要有标准，并且要符合常理。

问题点 32　大病医疗保险能否在企业所得税前扣除？

【解析】

《中华人民共和国企业所得税法实施条例》第三十五条第一款规定，企业依照国务院有关主管部门或者省级人民政府规定的范围和标准为职工缴纳的基本养老保险费、基本医疗保险费、失业保险费、工伤保险费、生育保险费等基本社会保险费和住房公积金，准予扣除。第三十六条规定，除企业依照国家有关规定为特殊工种职工支付的人身安全保险费和国务院财政、税务主管部门规定可以扣除的其他商业保险费外，企业为投资者或者职工支付的商业保险费，不得扣除。

【结论】

大病医疗保险不能在企业所得税税前扣除。

大病医疗保险如果按其性质属于补充医疗保险范围的，且属于为本企业任职或受雇的全体员工支付的，可以根据《中华人民共和国企业所得税法实施条例》第三十五条、《财政部、国家税务总局关于补充养老保险费、补充医疗保险费有关企业所得税问题的通知》（财税〔2009〕27 号）的规定，不超过职工工资总额 5% 标准内的部分可以税前扣除。

问题点 33 为员工支付的团体意外伤害保险能否在所得税前扣除?

【解析】

《中华人民共和国企业所得税法实施条例》第三十六条规定，除企业依照国家有关规定为特殊工种职工支付的人身安全保险费和国务院财政、税务主管部门规定可以扣除的其他商业保险费外，企业为投资者或者职工支付的商业保险费，不得扣除。

【结论】

企业为员工支付的团体意外伤害保险若属于为特殊工种职工支付的人身安全保险，则可以税前扣除，否则不能税前扣除。

问题点 34 报销以前年度员工医疗费能否在所得税前扣除?

【解析】

《关于企业所得税应纳税所得额若干税务处理问题的公告》(国家税务总局公告 2012 年第 15 号）第六条规定，根据《中华人民共和国税收征收管理法》的有关规定，对企业发现以前年度实际发生的、按照税收规定应在企业所得税前扣除而未扣除或者少扣除的支出，企业做出专项申报及说明后，准予追补至该项目发生年度计算扣除，但追补确认期限不得超过 5 年。

【结论】

企业报销以前年度员工医疗费应在追补至医疗费发生年度计算扣除，但追补确认期限不得超过 5 年。

问题点 35　企业接受外部劳务派遣用工支出如何在企业所得税前扣除?

【解析】

根据《关于企业工资薪金和职工福利费等支出税前扣除问题的公告》（国家税务总局公告2015 年第34 号）第三条关于“企业接受外部劳务派遣用工支出税前扣除问题”的规定。

【结论】

企业接受外部劳务派遣用工所实际发生的费用，应分两种情况按规定在税前扣除：按照协议（合同）约定直接支付给劳务派遣公司的费用，应作为劳务费支出；直接支付给员工个人的费用，应作为工资薪金支出和职工福利费支出。其中属于工资薪金支出的费用，准予计入企业工资薪金总额的基数，作为计算其他各项相关费用扣除的依据。

问题点 36　增值税电子发票，都是纸质打印，在所得税前扣除有影响吗?

【解析】

《关于推行通过增值税电子发票系统开具的增值税电子普通发票有关问题的公告》（国家税务总局公告 2015 年第 84 号）第三条规定，增值税电子普通发票的开票方和受票方需要纸质发票的，可以自行打印增值税电子普通发票的版式文件，其法律效力、基本用途、基本使用规定等与税务机关监制的增值税普通发票相同。

【结论】

如您取得的是电子普通发票，需纸质发票的，可自行打印，其法律效力、基本用途、基本使用规定与税务机关监制的增值税普通发票相同，同时建议您应同时保留电子文件和打印的纸质材料作为入账凭证。

问题点 37 企业所得税税前扣除没有发票作为扣除凭证，取得其他票据可以作为税前扣除凭证吗?

【解析】

公司给别人运送货物，因为货物未达到合同约定的要求，产生了经济纠纷，公司向对方支付了一笔赔偿款，销售方向购买方支付的赔偿款，不属于增值税应税收入和价外费用规定的范围，不征收增值税。

【结论】

不得开具增值税发票，因这种情形无法取得发票作为税前扣除凭证的，可以使用合同协议或相关单据作为销售方税前扣除凭证。

问题点 38 企业安置残疾人，为残疾人支付的五险一金可以加计扣除吗?

【解析】

1. 根据《财政部、国家税务总局关于安置残疾人员就业有关企业所得税优惠政策问题的通知》（财税〔2009〕70号）的规定，企业安置残疾人员的，在按照支付给残疾职工工资据实扣除的基础上，可以在计算应纳税所得额时按照支付给残疾职工工资的100%加计扣除。

2. 根据《国家税务总局关于企业工资薪金及职工福利费扣除问题的通知》（国税函〔2009〕3号）的规定，关于工资薪金总额问题，《中华人民共和国企业所得税法实施条例》第四十条、第四十一条、第四十二条所称的"工资薪金总额"，是指企业按照本通知第一条规定实际发放的工资薪金总和，不包括企业的职工福利费、职工教育经费、工会经费以及养老保险费、医疗保险费、失业保险费、工伤保险费、生育保险费等社会保险费和住房公积金。属于国有性质的企业，其工资薪金，不得超过政府有关部门给予的限定数额；超过部分，不得计入企业工资薪金总额，也不得在计算企业应纳税所得额时扣除。

【结论】

可以加计扣除的工资薪金总和，不包括五险一金的部分。

问题点39 实行统借统还办法的企业资金拆借利息能否在所得税前扣除？

【解析】

依据《财政部、国家税务总局关于全面推开营业税改征增值税试点的通知》（财税〔2016〕36号）对统借统还业务的规定，企业集团或企业集团中的核心企业以及集团所属财务公司按不高于支付给金融机构的借款利率水平或者支付的债券票面利率水平，向企业集团或者集团内下属单位收取的利息免征增值税；统借方向资金使用单位收取的利息，高于支付给金融机构的借款利率水平或者支付的债券票面利率水平的，应全额缴纳增值税。

【结论】

对实行统借统还办法的企业集团，利息支付方向统借方支付的利息支出，符合《关于企业所得税若干问题的公告》（国家税务总局2011年第34号）第一条的规定，凭发票在税前扣除。

问题点40 因机器检修暂时停产，停产期间发生的固定资产折旧可以在税前扣除吗?

【解析】

《中华人民共和国企业所得税法》第十一条规定，在计算应纳税所得额时，企业按照规定计算的固定资产折旧，准予扣除。下列固定资产不得计算折旧扣除：

（一）房屋、建筑物以外未投入使用的固定资产；

（二）以经营租赁方式租入的固定资产；

（三）以融资租赁方式租出的固定资产；

（四）已足额提取折旧仍继续使用的固定资产；

（五）与经营活动无关的固定资产；

（六）单独估价作为固定资产入账的土地；

（七）其他不得计算折旧扣除的固定资产。

【结论】

企业暂时停产期间的机器设备不属于以上情况，按规定提取的固定资产折旧可在税前扣除。

问题点 41　公司以融资租赁方式租入的机器设备，融资租赁费可以在税前一次性扣除吗？

【解析】

《中华人民共和国企业所得税法实施条例》第四十七条第（二）项规定，以融资租赁方式租入固定资产发生的租赁费支出，按照规定构成融资租入固定资产价值的部分应当提取折旧费用，分期扣除。

【结论】

公司以融资租赁方式租入的机器设备，融资租赁费不能在所得税前一次性扣除，按照折旧年限分期扣除。

问题点 42　企业受让的无形资产，约定使用年限为 5 年，是否也需要按 10 年来进行摊销？

【解析】

《中华人民共和国企业所得税法实施条例》第六十七条规定，无形资产按照直线法计算的摊销费用，准予扣除。无形资产的摊销年限不得低于 10 年。作为投资或者受让的无形资产，有关法律规定或者合同约定了使用年限的，可以按照规定或者约定的使用年限分期摊销。

【结论】

受让的无形资产，有关法律规定或者合同约定了使用年限的，可以按照规定或者约定的使用年限分期摊销。

问题点 43 企业筹建期的费用支出是否计入当期亏损?

【解析】

根据《国家税务总局关于贯彻落实企业所得税法若干税收问题的通知》(国税函〔2010〕79 号)的规定,企业自开始生产经营的年度,为开始计算企业损益的年度。企业从事生产经营之前进行筹办活动期间发生筹办费用支出,不得计算为当期的亏损,应按照《国家税务总局关于企业所得税若干税务事项衔接问题的通知》(国税函〔2009〕98 号)第九条的规定执行。

【结论】

企业从事生产经营之前进行筹办活动期间发生筹办费用支出,不得计算为当期的亏损。

问题点 44 企业为退休人员缴纳的补充养老保险、补充医疗保险在企业所得税税前可以扣除吗?

【解析】

根据《财政部、国家税务总局关于补充养老保险费、补充医疗保险费有关企业所得税政策问题的通知》(财税〔2009〕27 号)的规定,自 2008 年 1 月 1 日起,企业根据国家有关政策规定,为在本企业任职或者受雇的全体员工支付的补充养老保险费、补充医疗保险费,分别在不超过职工工资总额 5% 标准内的部分,在计算应纳税所得额时准予扣除;超过的部分,不予扣除。

【结论】

因退休人员不属于文件规定的在本企业任职或者受雇的员工，所以企业支付的这部分费用不能在企业所得税税前扣除。

问题点 45　企业建成的房屋已经开始使用，但是工程款中有些发票还没拿到，是按发票凭证计提折旧还是按合同的金额计提呢？

【解析】

根据《国家税务总局关于贯彻落实企业所得税法若干税收问题的通知》（国税函〔2010〕79 号）关于固定资产投入使用后计税基础确定问题的规定，企业固定资产投入使用后，由于工程款项尚未结清未取得全额发票的，可暂按合同规定的金额计入固定资产计税基础计提折旧，待发票取得后进行调整。但该项调整应在固定资产投入使用后 12 个月内进行。

【结论】

可暂按合同规定的金额计入固定资产计税基础计提折旧，待发票取得后进行调整。但该项调整应在固定资产投入使用后 12 个月内进行。

问题点 46　企业统一给员工体检，发生的费用能否在税前扣除？

【解析】

根据《国家税务总局关于企业工资薪金及职工福利费扣除问题的通知》（国税函〔2009〕3 号）的规定，《中华人民共和国企

业所得税法实施条例》第四十条规定的企业职工福利费，包括以下内容：为职工卫生保健、生活、住房、交通等所发放的各项补贴和非货币性福利，包括企业向职工发放的因公外地就医费用、未实行医疗统筹企业职工医疗费用、职工供养直系亲属医疗补贴、供暖费补贴、职工防暑降温费、职工困难补贴、救济费、职工食堂经费补贴、职工交通补贴等。

【结论】

员工体检费用可以按照职工福利费的相关规定在税前扣除。

问题点 47 我公司的工资制度规定对在职员工每月补贴交通费 150 元，与工资一并发放，请问应作为福利费还是工资薪金支出在税前扣除？

【解析】

根据《关于企业工资薪金和职工福利费等支出税前扣除问题的公告》（国家税务总局公告 2015 年第 34 号）的规定，列入企业员工工资薪金制度、固定与工资薪金一起发放的福利性补贴，符合《国家税务总局关于企业工资薪金及职工福利费扣除问题的通知》（国税函〔2009〕3 号）第一条规定的，可作为企业发生的工资薪金支出，按规定在税前扣除。不能同时符合上述条件的福利性补贴，应作为国税函〔2009〕3 号文件第三条规定的职工福利费，按规定计算限额税前扣除。

【结论】

公司发放的交通费补贴符合上述条件，应当作为工资薪金支出在税前扣除。

问题点 48　企业由于资金困难，无法支付今年的租金，经与出租方协商，约定明年一并支付，那么这笔没有支付的租金能否在所得税前扣除？

【解析】

《中华人民共和国企业所得税法》第八条规定："企业实际发生的与取得收入有关的、合理的支出，包括成本、费用、税金、损失和其他支出，准予在计算应纳税所得额时扣除。"

《中华人民共和国企业所得税法实施条例》第九条规定："企业应纳税所得额的计算，以权责发生制为原则，属于当期的收入和费用，不论款项是否收付，均作为当期的收入和费用；不属于当期的收入和费用，即使款项已经在当期收付，均不作为当期的收入和费用。本条例和国务院财政、税务主管部门另有规定的除外。"

根据《关于企业所得税若干问题的公告》（国家税务总局公告2011 年第 34 号）第六条规定，企业当年度实际发生的相关成本、费用，由于各种原因未能及时取得该成本、费用的有效凭证，企业在预缴季度所得税时，可暂按账面发生金额进行核算；但在汇算清缴时，应补充提供该成本、费用的有效凭证。

根据《关于企业所得税应纳税所得额若干税务处理问题的公告》（国家税务总局公告 2012 年第 15 号）第六条规定，对企业发现以前年度实际发生的、按照税收规定应在企业所得税前扣除而未扣除或者少扣除的支出，企业做出专项申报及说明后，准予追补至该项目发生年度计算扣除，但追补确认期限不得超过 5 年。

【结论】如果企业在汇算清缴前取得有效凭证则可以直接在税

前扣除，如果汇算清缴结束后才取得有效凭证，则需要按照国家税务总局公告2012年第15号文件的要求，由企业做出专项申报及说明后，准予追补至该项目发生年度计算扣除。

问题点49 企业取得免税收入对应发生的成本、费用可以在税前扣除吗?

【解析】

根据《国家税务总局关于贯彻落实企业所得税法若干税收问题的通知》（国税函〔2010〕79号）关于免税收入所对应的费用扣除问题的规定，根据《中华人民共和国企业所得税税法实施条例》第二十七条、第二十八条的规定，企业取得的各项免税收入所对应的各项成本费用，除另有规定者外，可以在计算企业应纳税所得额时扣除。

【结论】

企业取得的各项免税收入所对应的各项成本费用，除另有规定外，可以在计算企业应纳税所得额时扣除。

问题点50 企业缴纳的政府性基金和行政事业性收费是否可以在企业所得税前扣除?

【解析】

《财政部、国家税务总局关于财政性资金、行政事业性收费、政府性基金有关企业所得税政策问题的通知》（财税〔2008〕151号）

第二条规定，企业按照规定缴纳的、由国务院或财政部批准设立的政府性基金以及由国务院和省、自治区、直辖市人民政府及其财政、价格主管部门批准设立的行政事业性收费，准予在计算应纳税所得额时扣除。

【结论】

企业缴纳的不符合上述审批管理权限设立的基金、收费，不得在计算应纳税所得额时扣除。

问题点51　存款保险保费是否允许税前扣除?

【解析】

根据《财政部、国家税务总局关于银行业金融机构存款保险保费企业所得税税前扣除有关政策问题的通知》（财税〔2016〕106号）的规定，银行业金融机构依据《存款保险条例》的有关规定、按照不超过万分之一点六的存款保险费率，计算交纳的存款保险保费（不包括存款保险滞纳金），准予在企业所得税税前扣除。

【结论】

按照不超过万分之一点六的存款保险费率，计算交纳的存款保险保费（不包括存款保险滞纳金），准予在企业所得税税前扣除。

问题点52　企业接受捐赠收入可以分期确认收入吗?

【解析】

《关于企业取得财产转让等所得企业所得税处理问题的公告》

（国家税务总局公告2010年第19号）第一条规定，企业取得财产（包括各类资产、股权、债权等）转让收入、债务重组收入、接受捐赠收入、无法偿付的应付款收入等，不论是以货币形式还是非货币形式体现，除另有规定外，均应一次性计入确认收入的年度计算缴纳企业所得税。

【结论】

企业接受捐赠收入必须一次性确认收入，不能分次确认收入。

问题点53 物业管理公司预收业主跨年度的物业管理费，何时确认企业所得税收入？

【解析】

《中华人民共和国企业所得税法实施条例》第九条规定，企业应纳税所得额的计算，以权责发生制为原则，属于当期的收入和费用，不论款项是否收付，均作为当期的收入和费用；不属于当期的收入和费用，即使款项已经在当期收付，均不作为当期的收入和费用。

《国家税务总局关于确认企业所得税收入若干问题的通知》（国税函〔2008〕875号）第二条第（四）项第8目规定，长期为客户提供重复劳务收取的费用，在相关劳务活动发生时确认收入。

【结论】

物业管理公司预收业主跨年度的物业管理费，在实际提供物业管理服务时确认为企业所得税当期的收入。

问题点 54　合伙企业并未作出利润分配的决定也未实际分配，那么作为合伙人的法人企业是否需要确认收入缴纳企业所得税？

【解析】

《财政部、国家税务总局关于合伙企业合伙人所得税问题的通知》（财税〔2008〕159 号）第二条规定，合伙企业以每一个合伙人为纳税义务人。合伙企业合伙人是自然人的，缴纳个人所得税；合伙人是法人和其他组织的，缴纳企业所得税。第三条规定，合伙企业生产经营所得和其他所得采取“先分后税”的原则。前款所称生产经营所得和其他所得，包括合伙企业分配给所有合伙人的所得和企业当年留存的所得（利润）。

【结论】

不论合伙企业是否作出利润分配决定，只要其有留存利润，该部分的留存利润也应按规定的分配比例，由法人企业确认为当期收入。

问题点 55　房地产企业将建好的幼儿园赠与当地教育局，如何缴纳企业所得税？

【解析】

对该业务应具体问题具体分析，如是非配套设施赠与业务，根据国家税务总局印发的《房地产开发经营业务企业所得税处理办法》（国税发〔2009〕31 号）第七条规定，企业将开发产品用于捐赠、赞助、职工福利、奖励、对外投资、分配给股东或投资人、抵偿债务、换取其他企事业单位和个人的非货币性资产等行为，应视同销售，于开发产品所有权或使用权转移，或于实际取得利益权利时确认收入（或利润）的实现。

如是开发区内的配套设施赠与业务，根据国税发〔2009〕31号文件第十七条规定，企业在开发区内建造的会所、物业管理场所、电站、热力站、水厂、文体场馆、幼儿园等配套设施，属于非营利性且产权属于全体业主的，或无偿赠与地方政府、公用事业单位的，可将其视为公共配套设施，其建造费用按公共配套设施费的有关规定进行处理。

【结论】

非配套设施赠与业务，应视同销售，于开发产品所有权或使用权转移，或于实际取得利益权利时确认收入（或利润）的实现；配套设施赠与业务，将其视为公共配套设施，其建造费用按公共配套设施费的有关规定进行处理。

问题点 56　超过 3 年以上的应付款项是否需要调增应纳税所得额?

【解析】

企业确实无法支付的应付账款（超过 3 年以上），应并入当期应纳税所得依法缴纳企业所得税。已经并入当期应纳税所得的应付账款在以后年度支付的，可在支付年度税前扣除。

这里的“确实无法支付”，根据《企业资产损失所得税税前扣除管理办法》（国家税务总局公告 2011 年第 25 号）第二十三条的规定来理解，应包括纳税人注销、债权人死亡等情形。

国家税务总局公告2011年第25号第二十三条规定，企业逾期3年以上的应收款项在会计上已作为损失处理的，可以作为坏账损失，但应说明情况，并出具专项报告。根据以上规定，超过3年以上的应付款项，如果债权方没有将该项应收债权作为资产损失在企业所得税前扣除，债务人无须调增应纳税所得额。

应付款项是指企业在经济活动中应当支付而尚未支付的各种款项，包括应付账款、应付票据和其他应付款。实际执行中，企业应对超过3年的应付未付款项作出合理解释，并提供能够偿付的相关证据，经税务机关确认后，可以不并入应纳税所得额。无法提供有效证明或不能作出合理解释的，应并入应纳税所得额征税。对已并入应纳税所得额的应付未付款项在以后年度实际支付时，在支付年度据实扣除。

【结论】

以上所说的相关证明，最直接的证据是：超过3年以上的应付款项，债权方没有将该项应收债权作为资产损失在企业所得税前扣除。理论上，对方没有注销税务登记，或沦为非正常户，就认为有理由不认定为收入。

问题点57　商场采取购货返积分的形式销售商品的收入怎么确认?

【解析】

“商场采取购货返积分的形式销售商品”实质上是买一赠一销售，应按照《国家税务总局关于确认企业所得税收入若干问题的通知》（国税函〔2008〕875号）的规定，企业以买一赠一等方式组合销售本企业商品的，不属于捐赠，应将总的销售金额按各项商品的公允价值的比例来分摊确认各项的销售收入。这里的“买一赠一”包括了“买一赠二”“买二赠一”等多种形式。

【结论】

实际操作中一般都是简化处理，在商品销售时，按实际取得的收入，计当期销售收入，在积分兑换商品时，赠品做成本扣除；或在积分作废时，在会计和税收上均不做处理。

问题点 58 **财政拨款等不征税收入孳生的利息是否征收企业所得税？**

【解析】

《中华人民共和国企业所得税法实施条例》第二十六条第一款规定：“企业所得税法第七条第（一）项所称财政拨款，是指各级人民政府对纳入预算管理的事业单位、社会团体等组织拨付的财政资金，但国务院和国务院财政、税务主管部门另有规定的除外。”

【结论】

税法只是明确了财政拨款本身作为不征税收入，对于财政拨款产生的利息等收入应当并入收入总额征收企业所得税。但根据《财政部、国家税务总局关于非营利组织企业所得税免税收入问题的通知》（财税〔2009〕122 号）的规定，非营利组织的不征税收入和免税收入孳生的银行存款利息收入为免税收入。

问题点 59　反向取得增值税专用发票是否可以抵扣进项税额？

【解析】

谁给谁开发票，税法都有明确规定，不可以相反方向开票，否则就会产生税务风险。除特殊情况下，都是由收款方向付款方开具发票的。具体政策如下：

《中华人民共和国发票管理办法》第十九条规定，销售商品、提供劳务以及从事其他经营活动的单位和个人，对外发生经营业务收取款项，收款方应当向付款方开具发票；特殊情况下，由付款方向收款方开具发票。

《中华人民共和国发票管理办法实施细则》第二十四条规定，办法第十九条所称特殊情况下，由付款方向收款方开具发票，是指下列情况：

（1）收购单位和扣缴义务人支付个人款项时；

（2）国家税务总局认为其他需要由付款方向收款方开具发票的。

【结论】

一般纳税人取得专用发票后，发生销货退回、开票有误等情形但不符合作废条件的，或因销货部分退回及发生销售折让的，购买方不得向销售方反向开具增值税专用发票。

问题点60 取得增值税专用发票不符合要求是否能抵扣进项税额?

【解析】

《国家税务总局关于修订〈增值税专用发票使用规定〉的通知》(国税发〔2006〕156号)第十二条规定，一般纳税人销售货物或提供应税劳务可汇总开具专用发票。汇总开具专用发票的，同时使用防伪税控系统开具《销售货物或者提供应税劳务清单》，并加盖财务专用章或者发票专用章。

《财政部、国家税务总局关于增值税若干政策的通知》(财税〔2005〕165号)第七条第(四)项规定，一般纳税人取得的汇总开具的运输发票，凡附有运输企业开具并加盖发票专用章的运输清单，允许计算抵扣进项税。

【结论】

许多财务人员认为，只要是真实业务，只要不是属于《中华人民共和国增值税暂行条例》第十条规定的进项税额不得从销项税额中抵扣的情形，只要能够取得增值税扣税凭证的，就可以抵扣，然而事实并非如此。

好多企业对汇总开具发票重视不够，有的企业不知道汇总开具发票这回事，有的企业不开具销货清单；有的企业虽然开具销货清单，但销货清单不是从防伪税控系统中开具的，而是自己使用办公软件自制的；有的企业销货清单虽然符合规定，但单独留存，没有附在发票后面。

纳税人汇总填开专用发票，“商品或劳务名称”栏不填写(打印的发票票面会显示“详见销货清单”几个字)，“计量单位”

“数量”“单价”栏可以不填写。但汇总填开的专用发票，必须附有使用防伪税控系统开具的加盖发票专用章的销货清单。销货清单应填写购销双方的单位名称、商品或劳务名称、计量单位、数量、单价、销售额，销货清单的汇总销售额应与专用发票“金额”栏的数字一致。销售清单应严格按照国家税务总局规定使用，第一联存根联应当保存5年，保存期满后要处理销毁的，报主管税务机关批准。第二联、第三联应分别附在发票联抵扣联之后，否则，该份增值税专用发票不得作为扣税凭证。

一张发票只能有一份清单，一份清单也只能和一张发票对应，即增值税专用发票与销货清单必须一一对应。有的企业为了省事，汇总开具多份增值税专用发票，而多份增值税专用发票只开具一份销货清单，虽然在销货清单上注明了多份汇总增值税专用发票的号码，但也属于不按规定开具发票，购货方不能作为抵扣凭证，有权拒收这些专用发票。

未附加盖发票专用章的运输清单的汇总开具的运输发票，不得抵扣进项税额。

问题点61　维修费用取得增值税专用发票都能抵扣进项税额吗?

【解析】

《国家税务总局关于修订〈增值税专用发票使用规定〉的通知》（国税发〔2006〕156号）第二条规定，专用发票，是增值税一般纳税人销售货物或提供劳务开具的发票，是购买方支付增值税额并可以按照增值税有关规定据以抵扣增值税进项税额的凭证。

《中华人民共和国增值税暂行条例》第十条规定，下列项目的进项税不得从销项税额中抵扣：

（1）用于简易计税方法计税项目、免征增值税项目、集体福利或个人消费的购进货物、劳务、服务、无形资产和不动产；

（2）非正常损失的购进货物，以及相关的劳务和交通运输服务；

（3）非正常损失的在产品、产成品所耗用的购进货物（不包括固定资产）、劳务和交通运输服务；

（4）国务院规定的其他项目。

《中华人民共和国增值税暂行条例实施细则》第二十三条规定，《中华人民共和国增值税暂行条例》第十条第（一）项和本细则所称非增值税应税项目，是指提供非增值税应税劳务、转让无形资产、销售不动产和不动产在建工程；前款所称不动产是指不能移动或移动后会引起性质、形状改变的财产，包括建筑物、构筑物和其他土地附着物；纳税人新建、改建、扩建、修缮、装饰不动产，均属于不动产在建工程。

【结论】

并非所有的维修费用都可以开具增值税专用发票，如果是维修电梯、中央空调等以建筑物或构筑物为载体的附属设备和配套设施，应当开具地税劳务发票；如果维修办公用具、生产设备等，可以开具增值税专用发票。

能否开具专用发票首先应当明确开具发票项目是否属于应税项目，除价外费用、混合销售等情况外，非增值税应税项目不可以开具增值税专用发票。

问题点 62　企业使用自己生产的机器设备作为固定资产可以给自己开具增值税专用发票吗？

【解析】

《国家税务总局关于修订〈增值税专用发票使用规定〉的通知》（国税发〔2006〕156 号）第二条规定，只有销售货物或提供应税劳务才可以开具专用发票。根据《中华人民共和国发票管理办法》第二十条的规定，只有对外发生经营业务收取款项的，才可以开具发票。

【结论】

公司使用自己生产的机器设备作为固定资产，既非销售货物也非提供应税劳务，自然不用开具增值税专用发票。

公司使用自己生产的机器设备作为固定资产，只是内部处置资产的行为，既没有对外也没有经营，自然不用开具发票。

问题点 63　保修期内免费为客户提供维修服务所领取的零配件是否需要视同销售缴纳增值税？

【解析】

《中华人民共和国增值税暂行条例实施细则》第四条规定，单位或个体工商户的下列行为，视同销售货物：

（1）将货物交付他人代销；

（2）销售代销货物；

（3）设有两个以上机构并实行统一核算的纳税人，将其货物从一个机构移送其他机构用于销售，但相关机构设在同一县（市）的除外；

（4）将自产或委托加工的货物用于非增值税应税项目；

（5）将自产、委托加工或购进的货物作为投资，提供给其他单位或个体工商户；

（6）将自产、委托加工或购进的货物分配给股东或投资者；

（7）将自产、委托加工的货物用于集体福利或个人消费；

（8）将自产、委托加工或购进的货物无偿赠送其他单位或者个人。

【结论】

保修期内免费为客户提供维修服务所领用零配件不属于8项视同销售的情形。

保修期内免费保修业务是作为销售合同的一部分，有关收入实际已经在销售时获得，该公司已就销售额缴纳了税款，免费保修时无须再缴纳增值税，维修领用零配件也不需要视同销售缴纳增值税。

问题点64 **非同一县（市）总分支机构间转移机器设备，不以销售为目的，是否需要缴纳增值税？**

【解析】

《中华人民共和国增值税暂行条例实施细则》第四条视同销售的规定，设有两个以上机构并实行统一核算的纳税人，将货物从一个机构移送其他机构用于销售，但相关机构设在同一县（市）的除外。

《中华人民共和国增值税暂行条例实施细则》第二十一条规定，固定资产，是指使用期限超过12个月的机器、机械、运输工具以及其他与生产经营有关的设备、工具、器具等。

【结论】

总分支机构间转移机器设备是以使用为目的的“固定资产”，而非“用于销售目的的货物”，不构成税法规定的视同销售的情形，不需要缴纳增值税。

问题点 65　借货还货是否需缴纳增值税？

【解析】

《中华人民共和国增值税暂行条例实施细则》第三条第一款规定，条例第一条所称销售货物，是指有偿转让货物的所有权。

【结论】

“借货还货”行为属于有偿转让货物的所有权，因此应当缴纳增值税。试想，若借货还货行为不缴纳增值税，企业都可以借货还货进行销售货物了，对方不还货的，还可以申请财产损失，在企业所得税前扣除，企业都不用交税了。

问题点 66　市场原因导致商品打折销售而致使销售价格低于购进价格，是否补交增值税？

【解析】

《国家税务总局关于纳税人折扣折让行为开具红字增值税专用发票问题的通知》（国税函〔2006〕1279 号）规定，纳税人销售货物并向购买方开具增值税专用发票后，由于购货方在一定时期内累计购买货物达到一定数量，或由于市场价格下降等原因，销货方给予购货方相应的价格优惠或补偿等折扣、折让行为，销货方可按现行《增值税专用发票使用规定》的有关规定开具红字增值税专用发票。

【结论】

因市场原因导致价格打折销售属于有正当理由的销售，即使出现销售价格低于购进价格的情形，也不能认定为价格明显偏低并无正当理由。

问题点 67 折扣额按规定开具增值税专用发票是否允许冲减销项税？

【解析】

折扣销售是指销货方在销售货物或应税劳务时，因购货方购买数量较大或购买行为频繁等原因，而给予购货方价格方面的优惠，比如购买 10 件，销售价格折扣 10%；购买 20 件，销售价格折扣 20% 等，这种行为在现实经济生活中很普遍，是企业销售策略的一部分。

由于折扣是在销货方实现销售的同时发生，因此，税法规定，如果销售额和折扣额在同一张发票上分别注明，可按折扣后的余额作为增值额计算增值税；如果将折扣另开发票，不论在财务上如何处理，均不得从销售额中减除折扣额。

例如，企业甲为促进产品销售，规定凡购买其产品 1000 件以上的，给予价格折扣 20%。该产品单价为 100 元，则折扣后价格为 80 元。

折扣前应纳增值税＝1000件×100元/件×17%＝17000元

折扣后应纳增值税＝1000件×80元/件×17%＝13600元

折扣前后应纳增值税之差＝17000元－13600元＝3400元

就这笔业务而言，税法为纳税人提供了3400元的节税空间。

【结论】

对于折扣销售，税法有严格的界定，只有满足以下条件的折扣销售，纳税人才能以折扣余额作为销售额计缴增值税：

1. 销售额和折扣额在同一张发票上分别注明的，可按折扣后的余额作为销售额计算增值税；如果将折扣额另开发票，则无论企业在财务上如何处理，均不得从销售额中减除折扣额，应以其全额计征增值税。

2. 销售折扣是指销货方在销售货物或应税劳务后，为了鼓励购货方及早偿还货款，缩短企业的平均收款期，而协议许诺给予企业的一种折扣优惠。另外，这种销售折扣也能招揽一些视折扣为减价出售的顾客前来购货，借此扩大企业销售量。折扣的表示常采用如5/10，3/20，N/30这样一些符号形式。这三种符号的含义为：5/10表示10天内付款，可以享受5%的价格优惠，即只需支付原价的95%，如原价为10000元，只需支付9500元；3/20表示20天内付款，可享受3%的价格优惠，即只需支付原价的97%，若原价为10000元，只需支付9700元；N/30表示价款的最后期限为30天，此时付款无优惠。销售折扣发生在销货之后，是一种融资性质的理财费用，因此，销售折扣不得从销售额中减除。

3. 折扣销售仅限于货物价格的折扣，如果销货者将自产、委托加工和购买的货物用于实物折扣的，则该实物款额不能从货物销售额中减除，且该实物应按《中华人民共和国增值税暂行条例》中规定的“视同销售货物”中“赠送他人”计算征收增值税。

销售折让是指在货物售出后，由于其品种、质量、性能等方面的原因购货方虽未退货，但销货方需要给予购货方的一种价格折让。销售折让与销售折扣相比较，虽然都是在货物销售后发生的，但因为销售折让其实质是原销售额的减少，因而税法规定，对销售折让可以折让后的货款作为销售额计征增值税。

销售货物并向购货方开具专用发票后，如果发生退货或销售折让，应视不同情况分别按以下规定办理：

（1）购买方在未付货款并且未作账务处理的情况下，须将原发票联和税款抵扣联主动退还销售方。销售方收到后，应在该发票和税款抵扣联及有关的存根联、记账联上注明“作废”字样，作为扣减当期销项税额的凭证。未收到购买方退还的专用发票前，销售方不得扣减当期销项税额。属于销售折让的，销售方应按折让后的货款重开专用发票。

（2）在购买方已付货款或货款未付但已作账务处理，发票联及税款抵扣联无法退还的情况下，购买方必须取得当地主管税务机关开具的进货退出或索取折让证明单送交销售方，作为销售方开具红字专用发票的合法依据。销售方在未收到证明单之前，不得开具红字专用发票。收到证明单后，根据退回货物的数量、价款或折让金额向购买方开具红字专用发票。红字专用发票的存根联、记账联作为销售方扣减当期销项税额的凭证，其发票联、税款抵扣联作为购买方扣减进项税额的凭证。

问题点 68 增值税发票不及时认证都有哪些税务风险？

很多企业有开具发票后在收到货款前不交给购货方的习惯，

而一些购货方财务人员也为了调节税负在收到发票后不及时认证抵扣，有的业务人员不及时把取得的增值税专用发票交给财务人员，这些习惯都会导致税务风险。

【解析】

目前增值税专用发票已建立了严密的监控机制，总局定期把滞留票信息下发到基层进行核查，防止纳税人隐瞒销售收入不抵扣进项税额的行为，因此建议纳税人收到专用发票后及时认证。

《国家税务总局关于调整增值税扣税凭证抵扣期限有关问题的通知》（国税函〔2009〕617号）规定，增值税一般纳税人取得2010年1月1日以后开具的增值税专用发票、公路内河货物运输业统一发票和机动车销售统一发票，应在开具之日起180日内到税务机关认证，并在认证通过的次月申报期内，向主管税务机关申报抵扣进项税额。

《国家税务总局关于增值税一般纳税人取得防伪税控系统开具的增值税专用发票进项税额抵扣问题的通知》（国税发〔2003〕17号）规定，增值税一般纳税人认证通过的防伪税控系统开具的增值税专用发票，应在认证通过的当月按照增值税有关规定核算当期进项税额并申报抵扣，否则不予抵扣进项税额。

《国家税务总局关于进一步明确营改增有关征管问题的公告》（国家税务总局公告2017年第11号）规定，自2017年7月1日起，增值税一般纳税人取得的2017年7月1日及以后开具的增值税专用发票和机动车销售统一发票，应自开具之日起360日内认证或登录增值税发票选择确认平台进行确认，并在规定的纳税申报期内，向主管国税机关申报抵扣进项税额。

《国家税务总局关于进一步明确营改增有关征管问题的公告》（国家税务总局公告2017年第11号）规定，增值税一般纳税人取得的2017年7月1日及以后开具的海关进口增值税专用缴款书，应自开具之日起360日内向主管国税机关报送《海关完税凭证抵扣清单》，申请稽核比对。

纳税人取得的2017年6月30日前开具的增值税扣税凭证，仍按《国家税务总局关于调整增值税扣税凭证抵扣期限有关问题的通知》（国税函〔2009〕617号）执行。

【结论】

根据上述规定，有两种税务风险：

（1）在不发生退货的情况下，购货方会因为发票超过360天认证期限未认证而无法抵扣；

（2）在不发生退货的情况下，购货方会因为发票超过360天认证期限未认证而无法认证，不得申请开具《通知单》，不可将发票退回，销货方也不可以作废或冲红后重新开具发票。

问题点69 **企业吸收合并，被合并企业尚未抵扣的增值税进项税额可以结转到合并企业吗？**

【解析】

《国家税务总局关于纳税人资产重组增值税留抵税额处理有关问题的公告》（国家税务总局公告2012年第55号）规定，“一、增值税一般纳税人（以下称原纳税人）在资产重组过程中，将全部资产、负债和劳动力一并转让给其他增值税一般纳税人（以下称新纳税人），并按程序办理注销税务登记的，其在办理注销登记前尚未抵扣的进项税额可结转至新纳税人处继续抵扣。

二、原纳税人主管税务机关应认真核查纳税人资产重组相关资料，核实原纳税人在办理注销税务登记前尚未抵扣的进项税额，填写《增值税一般纳税人资产重组进项留抵税额转移单》（见附件）。

《增值税一般纳税人资产重组进项留抵税额转移单》一式三份，原纳税人主管税务机关留存一份，交纳税人一份，传递新纳税人主管税务机关一份。

三、新纳税人主管税务机关应将原纳税人主管税务机关传递来的《增值税一般纳税人资产重组进项留抵税额转移单》与纳税人报送资料进行认真核对，对原纳税人尚未抵扣的进项税额，在确认无误后，允许新纳税人继续申报抵扣。”

【结论】

增值税一般纳税人（以下称原纳税人）在资产重组过程中，将全部资产、负债和劳动力一并转让给其他增值税一般纳税人（以下称新纳税人），并按程序办理注销税务登记的，其在办理注销登记前尚未抵扣的进项税额可结转至新纳税人处继续抵扣。

问题点 70 营改增后，建筑企业预收账款面临哪些纳税风险？

【解析】

1. 法律依据

《财政部、国家税务总局关于全面推开营业税改征增值税试点的通知》（财税〔2016〕36 号）附件 1《营业税改征增值税试点实施办法》第四十五条第（二）项规定，纳税人提供建筑服务、租赁服务采取预收款方式的，其纳税义务发生时间为收到预收款的当天。

2. 未及时申报缴纳增值税的纳税风险

在建筑业务实践中，建筑企业收到发包方预付工程款或开工保证金时，建筑企业必须产生增值税纳税义务时间，依法向发包方开具增值税发票，并在工程所在地国税局依法预缴增值税。

特别提醒，开工保证金是指业主或发包方为了鼓励建筑施工企业及时开工，给予施工企业的一笔预付款，将于今后抵减施工企业的工程结算款。

因此，建筑企业收到业主支付的预付款时，绝对不可以向业主或发包方开收据，等到发包方与建筑企业工程结算时，抵减工程款。否则，建筑企业若是延期缴纳增值税，有纳税风险，一旦被税务稽查机关查出，将会面临罚款、纳税滞纳金的行政处罚。

【案例】

总承包合同中的开工保证金（预收账款）和履约保证金条款的税务处理和账务处理。

（1）案情介绍

甲房地产企业与乙建筑总承包企业签订的建筑合同中约定开工保证金条款：甲在合同签订之后的2个工作日之内向建筑企业乙支付100万元开工保证金，该开工保证金将于以后冲减甲给乙的工程款。甲房地产企业与丙建筑总承包企业签订的建筑合同中约定履约保证金条款：丙在合同签订之后的7个工作日之内必须向甲支付100万元的履约保证金。

请问以上保证金条款应如何进行账务和税务处理？

（2）案情分析

根据合同保证金条款的约定来看，开工保证金是业主支付给建筑总承包方的预付款项，而履约保证金是建筑总承包企业支付给业主的保证金或押金。

（3）税务处理

根据增值税纳税义务时间的规定，本案例中保证金的账务和税务处理如下：

①甲在合同签订之后的2个工作日之内向建筑企业乙支付100万元开工保证金的账务和税务处理如下：

甲的账务处理：

借：预付账款 100÷（1+10%）

应交税费——应交增值税（进项税）100÷（1+10%）×10%

贷：银行存款

乙的账务处理：

借：银行存款

贷：预收账款 100÷（1+10%）

应交税费——应交增值税（销项税）100÷（1+10%）×10%

②在财务的处理上，履约保证金与开工保证金是完全不同的。

甲的账务处理：

借：银行存款

贷：其他应付款——收到丙履约保证金

丙的账务处理：

借：其他应收款——支付甲履约保证金

贷：银行存款

建筑企业向甲支付履约保证金没有发生纳税义务时间，甲应向丙开收款收据。

3. 建筑企业预收账款的纳税风险

建筑企业预收账款的纳税风险是：当施工企业只有一个项目

的情况下，而且工程还没有动工，由于税法规定建筑服务收到预收款时，纳税义务时间已经发生，而造成了收到预收款时，确认销项税额，没有可以抵扣的进项税额。造成了建筑施工企业工程没有开工前，就要缴纳增值税，占用了施工企业的资金流。

【案例】

总承包合同中的开工保证金（预收账款）和履约保证金条款的税务处理和账务处理。

（1）案情介绍

甲建筑公司通过招投标，承揽了一条省道建设工程，工程总造价6.6亿元。按合同约定，此合同采取包工包料方式，且在开工之前，建设方即政府先拨付工程启动资金1.10亿元。请分析政府先拨付工程启动资金1.10亿元的税务处理中的纳税风险。

（2）纳税风险分析

①政策依据

根据财税〔2016〕36号的规定，包工包料的建筑工程必须选择增值税一般计税方法计征增值税。同时，纳税人提供建筑服务、租赁服务采取预收款方式的，其纳税义务发生时间为收到预收款的当天。

根据《纳税人跨县（市、区）提供建筑服务增值税征收管理暂行办法》（国税总局公告2016年第17号）规定，一般纳税人跨县（市、区）提供建筑服务，适用一般计税方法计税的，以取得的全部价款和价外费用扣除支付的分包款后的余额，按照2%的预征率计算应预缴税款。

跨县（市、区）提供建筑服务，应按照财税〔2016〕36号文件规定的纳税义务发生时间和计税方法，向建筑服务发生地主管国税机关预缴税款，向机构所在地主管国税机关申报纳税。

②纳税处理

施工企业在纳税申报期内需要在劳务发生地预缴2个点的增值税：

增值税销项税额＝1.10亿元÷（1＋10%）×2%＝200万元

同时，在纳税申报期内需要在机构所在地申报8个点的增值税：

当期销项税额＝1.10亿元÷（1＋10%）×10%＝1000万元

应纳税款＝1000万元－200万元＝800万元

由于建筑工程就本工程项目未开工就收到了启动资金1.10亿元，因为没有进项税额抵扣，同时施工企业又没有别的施工项目，只有一个施工项目的情况下，该施工企业只能把1.10亿元确认的销项税额1000万元作为应纳税额完税。

因此，建筑企业收到业主的预收款，产生增值税销项税额与进项税额的倒挂，增加了收到预收账款当期的增值税负担，严重影响了施工企业的资金流。

【结论】

从以上分析可知，建筑企业为了规避收到业主预收款产生的增值税销项税额与进项税额的倒挂问题，节约资金流，提高资金的使用效益，必须采用以下控制办法：

（1）当施工企业只有一个项目（该项目建筑企业采用一般计税方法）的情况下，而且工程还没有动工。

建筑企业提前做采购计划，与供应商签订采购合同。合同中约定：预付一部分货款或定金给供应商，供应商必须在建筑施工企业工程未开工前收到业主支付预付款的增值税纳税申报期限内（一般在收到预收账款的下个月的 15 日之前），向施工企业开具 16% 税率的增值税专用发票。

（2）如果建筑企业已经有正在施工的项目，但是该项目采用简易计税方法计征增值税，建筑企业为该简易计税项目所发生的采购材料或设备，可以要求供应商先开 16% 税率的增值税专用发票来抵扣，然后等到该一般计税方法的项目已经开工，产生增值税进项税额有抵扣时的增值税申报当月，把前面简易计税项目发生的已经抵扣过的增值税进项税额进行进项税额转出处理。

问题点 71　营改增后，建筑企业自购施工设备、周转材料、工地上自建临时建筑物的如何税务处理？

（1）营改增后，建筑企业为了施工的需要，会发生自己购买建筑机械设备和其他周转材料的情况，这些设备和周转材料会在各个建筑项目中轮流使用，这些自购机械设备和周转材料既用于一般计税项目也用于简易计税项目的增值税进项税额到底能否抵扣？另外，施工企业还会在工地上加盖一些临时建筑物，这些临时建筑物所发生的增值税进项税能否抵扣？要不要缴纳房产税？会计核算如何？企业所得税前怎样进行扣除？

【解析】

根据财税〔2016〕36 号文件附件 1：《营业税改征增值税试点实施办法》第二十七条的规定，用于简易计税方法计税项目、免征增值税项目、集体福利或者个人消费的购进货物、加工修理修配劳务、服务、无形资产和不动产的进项税额不得从销项税额中抵扣。其中涉及的固定资产、无形资产、不动产，仅指专用于上述项目的固定资产、无形资产（不包括其他权益性无形资产）、不动产。特别要注意的是，本条规定涉及的固定资产、无形资产、不动产的进项税额不得从销项税额中抵扣的关键条件是"专用于"简易计税方法计税项目、免征增值税项目、集体福利或者个人消费的进项税额才不得从销项税额中抵扣。换句话说，如果施工企业购买的固定资产、无形资产（不包括其他权益性无形资产）、不动产既用于一般计税方法计征增值税的项目也用于简易计税方法计征增值税的项目，就不属于"专用于"的情形，就可以抵扣增值税进项税额。

【结论】

基于以上纳税政策的分析，建筑企业自购机械设备和其他周转材料既用于一般计税项目也用于简易计税项目的，该自购机械设备和其他周转材料的增值税进项税额可以抵扣。

（2）建筑企业工地上搭建的活动板房、指挥部等临时建筑物的税务处理？

【解析】

根据财税〔2016〕36号文件附件2：《营业税改征增值税试点有关事项的规定》第一条第（四）项第1目的规定，适用一般计税方法的试点纳税人，2016年5月1日后取得并在会计制度上按固定资产核算的不动产或者2016年5月1日后取得的不动产在建工程，其进项税额应自取得之日起分2年从销项税额中抵扣，第一年抵扣比例为60%，第二年抵扣比例为40%。其中取得不动产，包括以直接购买、接受捐赠、接受投资入股、自建以及抵债等各种形式取得不动产。而且特别强调，在施工现场修建的临时建筑物、构筑物，其进项税额不适用上述分2年抵扣的规定。基于此规定，建筑企业在施工现场修建的活动板房、工程指挥部用房等临时建筑物或不动产的增值税进项税额，不适用“取得之日起分2年从销项税额中抵扣，第一年抵扣比例为60%，第二年抵扣比例为40%”的规定，但并没有规定不可以抵扣增值税进项税额。

【结论】

营改增后的建筑企业在施工地修建的临时建筑物的增值税进项税额的处理如下：

①如果建筑企业施工地从事施工的项目是选择一般计税方法计征增值税的情况下，则施工地上修建的临时建筑物的增值税进项税额在进项税额自取得之日起的当年全部一次性抵扣。

②如果建筑企业施工地从事施工的项目是选择简易计税方法计征增值税的情况下，则施工地上修建的临时建筑物的增值税进项税额不可以抵扣，也不可以在其他选择一般计税方法计征增值税的项目中销项税额抵扣。

③施工完毕，工地上修建的临时建筑物拆除不属于非正常损失，临时建筑物已经抵扣过的增值税进项税额不进行增值税进项税额抵扣。

问题点72 取得不得抵扣的专用发票怎么办?

全面营改增后，不少纳税人经常会问，取得不能抵扣项目的专用发票怎么办？如何正确处理才没有纳税风险？

【解析】

根据《财政部、国家税务总局关于全面推开营业税改征增值税试点的通知》（财税〔2016〕36 号）附件 1：《营业税改征增值税试点实施办法》第五十三条第二款的规定，属于下列情形之一的，不得开具增值税专用发票：（一）向消费者个人销售服务、无形资产或者不动产；（二）适用免征增值税规定的应税行为。除此之外，都可以开具专用发票。因此，能否抵扣进项税额与能否开具专用发票没有必然关系，购进餐饮服务、娱乐服务、贷款服务等不能抵扣进项税额，但销售这些服务都可以开具专用发票。

【结论】

方法一：不认证、不抵扣

企业取得了不得抵扣的专业发票，因为无法抵扣，所以不认证、不抵扣，在会计上视同取得普通发票处理。

借：相关科目

贷：银行存款

方法二：只认证、不抵扣

企业取得了不得抵扣的发票，认证但不抵扣。

会计处理如下：

①取得增值税专用发票时

借：相关科目

应交税费——待认证进项税额

贷：银行存款

②借：相关科目

贷：应交税费——待认证进项税额

方法三：认证、抵扣、进项税额转出

企业取得了不得抵扣的专用发票，先正常认证、抵扣，再作进项税额转出。

会计处理如下：

①取得增值税专用发票时

借：相关科目

应交税费——待认证进项税额

贷：银行存款（“应付账款”等）

②经税务机关认证后

借：应交税费——应交增值税（进项税额）

贷：应交税费——待认证进项税额

③按现行增值税制度规定转出时

借：相关科目

贷：应交税费——应交增值税（进项税额转出）

问题点 73 建筑企业收到业主或发包方的预收账款的增值税纳税义务时间不是收到预收账款的当天，那到底什么时候缴纳增值税呢？

【解析】

根据财税〔2016〕36 号文件附件 1：《营业税改征增值税试点实施办法》第四十五条第（一）项的规定：“纳税人发生应税行为并收讫销售款项或者取得索取销售款项凭据的当天；先开具发票的，为开具发票的当天。收讫销售款项，是指纳税人销售服务、无形资产、不动产过程中或者完成后收到款项。取得索取销售款项凭据的当天，是指书面合同确定的付款日期；未签订书面合同或者书面合同未确定付款日期的，为服务、无形资产转让完成的当天或者不动产权属变更的当天。”

【结论】

建筑企业预收账款的增值税纳税义务时间为以下两个方面：

一是如果业主或发包方强行要求建筑企业开具发票，则该预收账款的增值税纳税义务时间为建筑企业开具发票的当天。

二是如果业主或发包方支付预付款给施工企业不要求施工企业开具发票的情况下，则建筑企业收到预收款的增值税纳税义务时间为：已经发生建筑应税服务并与业主或发包方进行工程进度结算签订进度结算书，在财务上将“预收账款”科目结转到“工程结算”科目的当天。

问题点 74　无运输工具承运业务，加油如何抵扣进项税？

无运输工具承运业务，是指经营者以承运人身份与托运人签订运输服务合同，收取运费并承担承运人责任，然后委托实际承运人完成运输服务的经营活动。同时，对无运输工具承运业务的增值税处理问题进行了明确，按照交通运输服务缴纳增值税，即适用税率为 11%，不是按照货运代理服务 6% 处理。

【解析】

自 2017 年 9 月 1 日起，根据《国家税务总局关于跨境应税行为免税备案等增值税问题的公告》（国家税务总局公告 2017 年第 30 号）第二条的规定，纳税人以承运人身份与托运人签订运输服务合同，收取运费并承担承运人责任，然后委托实际承运人完成全部或部分运输服务时，自行采购并交给实际承运人使用的成品油和支付的道路、桥、闸通行费，同时符合下列条件的，其进项税额准予从销项税额中抵扣：（一）成品油和道路、桥、闸通行费，应用于纳税人委托实际承运人完成的运输服务；（二）取得的增值税扣税凭证符合现行规定。

【结论】

1. 取得的成品油增值税专用发票必须是自行采购的，对于由实际运输户采购的，则不得抵扣。

2. 取得成品油增值税专用发票的办法：根据《成品油零售加油站增值税征收管理办法》（国家税务总局令第 2 号）第十二条规定，购油纳税人向发售加油卡、加油凭证销售成品油的纳税人购买加油卡或加油凭证时只能取得普通发票。待运输过程中凭卡或加油凭证加油后，购油纳税人根据加油卡或加油凭证回笼记录，向发售加油卡、加油凭证销售成品油的纳税人要求开具增值税专用发票。接受加油卡或加油凭证销售成品油的单位与预售单位结算油款时，接受加油卡或加油凭证销售成品油的单位根据实际结算的油款向预售单位开具增值税专用发票。

3. 成品油必须是实际承运人用于完成的运输服务，对于赠送等形式给予其他单位或者个人使用的不可以抵扣。需要提醒的是，对于虽然属于加盟运输户，但是不是用于该纳税人委托的运输服务而取得的增值税专用发票也不得抵扣。

4. 要注意区分高速 ETC 通行发票的不同。

目前，许多省市高速公路通行业务中，分别采用充值方式和信用卡方式两种。

由 ETC 用户服务中心（储值户）在 ETC 充值开具发票时，发票内容中项目由“通行费”改为“通行卡充值”、“金额”改为“充值金额”，在税收处理上按照国家税务总局公告 2016 年第 53 号的规定进行管理，即凡在充值时取得 ETC 用户服务中心（储值户）开具的内容为“通行卡充值”的普通发票不得抵扣进项税额。

在 ETC 消费后，由高速公路不停车收费用户服务中心（信用卡户）开具的发票内容为“通行费”的普通发票，纳税人可以凭该普通发票据实抵扣进项税额。

因此，建议企业办理 ETC 信用卡。

5. 提供跨境应税服务中的免税规定。

《营业税改征增值税跨境应税行为增值税免税管理办法（试行)》（国家税务总局公告 2016 年第 29 号）和财税〔2016〕36 号附件 4《跨境应税行为适用增值税零税率和免税政策的规定》均规定，以无运输工具承运方式提供的国际运输服务免征增值税。

纳税人应在首次享受免税的纳税申报期内或在各省、自治区、直辖市和计划单列市国家税务局规定的申报征期后的其他期限内，到主管税务机关办理跨境应税行为免税备案手续，并提供《营业税改征增值税跨境应税行为增值税免税管理办法（试行)》（国家税务总局公告 2016 年第 29 号）规定的备案资料；而根据《关于在境外提供建筑服务等有关问题的公告》（国家税务总局公告 2016 年第 69 号）的规定，享受国际运输服务免征增值税政策的境外单位和个人，到主管税务机关办理免税备案时，提交的备案资料包括：关于纳税人基本情况和业务介绍的说明；依据的税收协定或国际运输协定复印件。

根据《国家税务总局关于跨境应税行为免税备案等增值税问题的公告》（国家税务总局公告 2017 年第 30 号）的规定，纳税人按照国家税务总局公告 2016 年第 29 号的规定办理免税备案手续后发生的相同跨境应税行为，不再办理备案手续。纳税人应当完整保存相关免税证明材料备查（特别提醒：必须签订跨境销售服务书面合同，否则不予免征增值税；实际发生相关业务的证明材料）。纳税人在税务机关后续管理中不能提供上述材料的，不得享受相关免税政策，对已享受的减免税款应予补缴，并依照《中华人民共和国税收征收管理法》的有关规定处理。

问题点 75 “无偿赠送”的税务风险？

【解析】

1. 企业采取组合方式销售货物，如买一赠一、购物返券、购物积分等。

此类销货方式下，购货方只有购买商品达到某一数量或金额才能享受优惠赠送，卖方赠送商品是有偿的，该赠送的商品不应被“视同销售”征收增值税，送出商品时，只需把商品的成本转入销售费用，或者与主货物一同结转成本即可，商品的进项税额也可以抵扣。

2. 商家采取即来即送方式吸引顾客，如进店即送小礼品。

这种方式下，无论顾客是否消费，商家都会给予顾客赠品，顾客取得赠品属于完全无偿，符合《中华人民共和国增值税暂行条例实施细则》第四条关于视同销售的适用条件，送出赠品应该“视同销售”计征增值税；同时这种赠送也符合企业所得税“视同销售”的适用条件，也应补缴所得税。

《河北省国家税务局关于企业若干销售行为征收增值税问题的通知》（冀国税函〔2009〕247 号）第三条规定，对于企业采取进店有礼等活动无偿赠送的礼品，应按《中华人民共和国增值税暂行条例实施细则》第四条的规定，视同销售货物，缴纳增值税。

3. 企业自产产品用于培训经销商、广告宣传等。

企业将自产的产品用于培训经销商或广告宣传，但并未因这批产品获得直接利益流入，不应当视同销售计征增值税，因为企业消耗这部分产品是出于更好地销售产品的目的，用于经营目的的货物消耗并不构成“无偿赠送”，企业可直接在耗用时结转相关成本。

但是，如果上述业务中部分产品并未在培训或宣传中耗用完，企业最终又未取回的，而是赠送给消费者，该部分产品就属于“赠送”范畴，应视同销售计征增值税和所得税。

建议将未消耗完的该部分产品直接打折变卖给相关人员，降低税务风险。

【结论】

税务机关和企业对视同销售争议的焦点是何谓“无偿赠送”，由于税法没有具体的解释，税务机关出于保守的考虑，避免执法的风险，往往要求视同销售。当出现争议时，企业需要找到充分的理由向税务机关解释该行为不属于“无偿赠送”。

问题点 76　以货物抵顶服务的增值税如何处理？

（1）某广告公司给客户提供广告服务，客户经营大闸蟹，合同约定以大闸蟹券抵服务费共 10 万元，广告公司将 3 万券发给职工，余下 7 万券只卖了 3 万元，问广告公司如何确认增值税收入，发票怎么开？

【解析】

《财政部、国家税务总局关于全面推开营业税改征增值税试点的通知》（财税〔2016〕36 号）附件 1《营业税改征增值税试点实施办法》第一条规定，在中华人民共和国境内（以下称境内）销售服务、无形资产或者不动产（以下称应税行为）的单位和个人，为增值税纳税人，应当按照本办法缴纳增值税，不缴纳营业税；第十条规定，销售服务、无形资产或者不动产，是指有偿提供服务、有偿转让无形资产或者不动产，但属于下列非经营活动的情形除外……；第十一条规定，有偿，是指取得货币、货物或者其他经济利益。

以货物抵顶服务是一种较为特殊的购销行为，根据《中华人民共和国增值税暂行条例》及其实施细则，以及财税〔2016〕36号相关规定，以货物抵顶服务，双方均应作购销处理，按照规定确认销售收入，开具增值税普通发票或者专用发票。如为一般纳税人，可凭对方开具的增值税专用发票抵扣进项税额。

【结论】

广告公司应以10万元确认销售收入并开具增值税发票。

（2）如果广告公司收到10万元券就确认收入给客户开票，那广告公司再卖券时是否还确认收入？无偿给员工是否视同销售？

【解析】

《中华人民共和国增值税暂行条例》第一条规定，在中华人民共和国境内销售货物或者提供加工、修理修配劳务以及进口货物的单位和个人，为增值税的纳税人，应当依照本条例缴纳增值税；第十条规定，下列项目的进项税额不得从销项税额中抵扣：（一）用于简易计税方法计税项目、免征增值税项目、集体福利或者个人消费的购进货物、劳务、服务、无形资产和不动产；（二）非正常损失的购进货物及相关的劳务和交通运输服务；（三）非正常损失的在产品、产成品所耗用的购进货物（不包括固定资产）、劳务和交通运输服务；（四）国务院规定的其他项目。

【结论】

广告公司销售大闸蟹时按照规定应确认销售收入。无偿赠送员工的情形属于将购进货物用于集体福利或者个人消费，按照《中华人民共和国增值税暂行条例》及其实施细则规定，不视同销售，如果是一般纳税人，需要将其对应的进项税额转出。

问题点 77 平销返利如何进行税务处理?

某商业企业为购买方，有以下三种平销返利情况：

第一种：根据合同双方约定，供货方需要承担一定比例的物流费用（按进货额一定比例），物流费用多数不是供货方把款给购买方，而是在结算货款时做账扣，问这种账扣物流费在发票方面怎么处理?

第二种：因临时活动，双方约定，供货方对销售出去的货品给贴花奖励，每销售一瓶给一定金额的提成。问购买方收到供货方支付的贴花奖励费用，发票问题怎么解决?

第三种：特别是新品引进，购买双方临时约定，供货方向购买方支付促销费、陈列费，基本是固定金额，问购买方收到费用后，是否应该给对方开6%专票?

【解析】

平销返利，是指生产企业以商业企业经销价或高于商业企业经销价的价格将货物销售给商业企业，商业企业再以进货成本或低于进货成本的价格进行销售，生产企业则以返还利润等方式弥补商业企业的进销差价损失。

【结论】

第一种情况：根据合同双方约定，供货方需要承担一定比例的物流费用（按进货额一定比例），物流费用由供货方直接付款给物流企业，再与商业企业结算货款时做账扣，这种情况实质是变相的返利行为，返利收入（物流费）应按照平销返利行为的有关规定冲减当期增值税进项税金。当期应冲减进项税金 = 当期取得的返还资金/（1 + 所购货物适用增值税税率）×所购货物适用增值税税率。

第二种情况：因临时活动，双方约定，供货方对销售出去的货品给贴花奖励，每销售一瓶给一定金额的提成，对这种向供货方收取的与商品销售量挂钩的提成收入应视为返利收入，按规定冲减当期增值税进项税金。

上述两种情况均属平销返利，并无本质区别，增值税发票有两种处理方式：一种按照《国家税务总局关于纳税人折扣折让行为开具红字增值税专用发票问题的通知》（国税函〔2006〕1279 号）规定，纳税人销售货物并向购买方开具增值税专用发票后，由于购货方在一定时期内累计购买货物达到一定数量，或者由于市场价格下降等原因，销货方给予购货方相应的价格优惠或补偿等折扣、折让行为，销货方可按现行《增值税专用发票使用规定》的有关规定开具红字增值税专用发票。即商业企业对于向供货商收取的返利收入不出具发票，而是由供货商开具红字增值税专用发票。

另一种处理方式是根据《国家税务总局关于平销行为征收增值税问题的通知》（国税发〔1997〕167 号）和《国家税务总局关于商业企业向货物供应方收取的部分费用征收流转税问题的通知》（国税发〔2004〕136 号）的规定，商业企业向供货方收取的各种收入，一律不得开具增值税专用发票。因此，购买方收到供货方支付的返利收入，可按货物的适用税率开具增值税普通发票。对于开具增值税普通发票并计提销项税金的无须再冲减当期进项税金。

第三种情况：特别是新品引进，购买双方临时约定，供货方向购买方支付促销费、陈列费，基本是固定金额，对这种向供货方收取的与商品销售量、销售额无必然联系，且商业企业向供货方提供一定劳务的收入不属于平销返利，不冲减当期增值税进项税金，应按应税服务的适用税率缴纳增值税并开具增值税发票，促销费、陈列费税率为6%。

问题点78 采取直接收款方式销售货物纳税义务发生时间如何确认？

销售货物，但对方一直没付款，我们也没开票，纳税义务时间如何确定？采取直接收款方式销售货物，合同又没约定付款时间，或者说就没合同，款又未付，如何确定这个纳税时间？

【解析】

根据《中华人民共和国增值税暂行条例实施细则》的规定，纳税人采取直接收款方式销售货物，不论货物是否发出，均为收到销售款或者取得索取销售款凭据的当天。

根据《关于增值税纳税义务发生时间有关问题的公告》（国家税务总局公告2011年第40号）的规定，纳税人在生产经营活动中采取直接收款方式销售货物，已将货物移送对方并暂估销售收入入账，但既未取得销售款或取得索取销售款凭据也未开具销售发票的，其增值税纳税义务发生时间为取得销售款或取得索取销售款凭据的当天；先开具发票的，为开具发票的当天。

【结论】

取得销售款和开具发票时间比较容易判断，那么如何判定是否取得索取销售款凭据，总局并没有明确规定，按照增值税暂行条例及实施细则规定，销售货物是指有偿转让货物的所有权，因此，凡是能够证明纳税人所销售的货物，所有权已经发生转移的凭据都应作为索取销售额的有效凭据。凭据不仅限于发票，还应包括欠账凭据、出库单、合同、协议书、自制结算单、提货单、收据等。只要企业取得上述有关凭据，就应视为已取得索取销售额的凭据，纳税义务已经发生，应该缴纳增值税。

货已经发出，未收到款项，能否按照赊销方式确定纳税义务发生时间。按照《中华人民共和国暂行条例实施细则》的规定：采取赊销和分期收款方式销售货物，为书面合同约定的收款日期的当天，无书面合同的或者书面合同没有约定收款日期的，为货物发出的当天。由于纳税人没有签订书面合同，按照此条规定，纳税义务发生时间依然为货物发出的当天。

问题点 79 **请问母公司以自有资金向子公司拨款需要交增值税吗?**

【解析】

依据财税〔2016〕36号文件附件1《营业税改征增值税试点实施办法》第十四条的规定，下列情形视同销售服务、无形资产或者不动产：

（一）单位或者个体工商户向其他单位或者个人无偿提供服务，但用于公益事业或者以社会公众为对象的除外。

（二）单位或者个人向其他单位或者个人无偿转让无形资产或者不动产，但用于公益事业或者以社会公众为对象的除外。

（三）财政部和国家税务总局规定的其他情形。

依据财税〔2016〕36 号文件附件 3《营业税改征增值税试点过渡政策的规定》，以下利息收入免征增值税：

（一）2016 年 12 月 31 日前，金融机构农户小额贷款。

小额贷款，是指单笔且该农户贷款余额总额在 10 万元（含本数）以下的贷款。

所称农户，是指长期（一年以上）居住在乡镇（不包括城关镇）行政管理区域内的住户，还包括长期居住在城关镇所辖行政村范围内的住户和户口不在本地而在本地居住一年以上的住户，国有农场的职工和农村个体工商户。位于乡镇（不包括城关镇）行政管理区域内和在城关镇所辖行政村范围内的国有经济的机关、团体、学校、企事业单位的集体户；有本地户口，但举家外出谋生一年以上的住户，无论是否保留承包耕地均不属于农户。农户以户为统计单位，既可以从事农业生产经营，也可以从事非农业生产经营。农户贷款的判定应以贷款发放时的承贷主体是否属于农户为准。

（二）国家助学贷款。

（三）国债、地方政府债。

（四）人民银行对金融机构的贷款。

（五）住房公积金管理中心用住房公积金在指定的委托银行发放的个人住房贷款。

（六）外汇管理部门在从事国家外汇储备经营过程中，委托金融机构发放的外汇贷款。

（七）统借统还业务中，企业集团或企业集团中的核心企业以及集团所属财务公司按不高于支付给金融机构的借款利率水平或者支付的债券票面利率水平，向企业集团或者集团内下属单位收取的利息。

统借方向资金使用单位收取的利息，高于支付给金融机构借款利率水平或者支付的债券票面利率水平的，应全额缴纳增值税。

统借统还业务，是指：

（1）企业集团或者企业集团中的核心企业向金融机构借款或对外发行债券取得资金后，将所借资金分拨给下属单位（包括独立核算单位和非独立核算单位，下同），并向下属单位收取用于归还金融机构或债券购买方本息的业务。

（2）企业集团向金融机构借款或对外发行债券取得资金后，由集团所属财务公司与企业集团或者集团内下属单位签订统借统还贷款合同并分拨资金，并向企业集团或者集团内下属单位收取本息，再转付企业集团，由企业集团统一归还金融机构或债券购买方的业务。

【结论】

如果是无偿借款，需要视同销售征增值税；如果是因为购买货物、服务、劳务等发生的预付款，按照一般规定处理，不是按照贷款服务征增值税。

问题点 80　个人借款给公司如何缴纳增值税?

某股东，由于企业经营发展的需要，在全额实缴注册资本后，股东个人借款给公司 300 万元用于生产经营。未签订借款合同，且不收取利息。

【解析】

财税〔2016〕36 号文件附件 1《营业税改征增值税试点实施办法》第十四条第（一）项规定，下列情形视同销售服务、无形资产或者不动产；单位或者个体工商户向其他单位或者个人无偿提供服务，但用于公益事业或者以社会公众为对象的除外。

个体工商户，是指有经营能力并依照《个体工商户条例》的规定经工商行政管理部门登记，从事工商业经营的公民。《个体工商户条例》第二条第一款规定："有经营能力的公民，依照本条例规定经工商行政管理部门登记，从事工商业经营的，为个体工商户。"

通过对以上政策的理解，只有单位或者个体工商户才是纳税义务人，自然人股东不属于"个体工商户"。

【结论】

自然人股东，借款给企业，是不需要缴纳增值税的。

问题点81　融资租赁公司逾期租金收入纳税义务何时发生？

融资租赁的逾期租金，是指出租人没有按合同约定时限收到租金。随着融资租赁行业的快速发展，租金未按时到账甚至拖欠的情况也随之增加。那么在融资租赁过程中，逾期租金是否确认收入成了会计实务中经常遇到的问题。

【解析】

按照权责发生制的原则以及会计准则的规定，收到租金和确认收入是两个独立的动作，互不关联。因此按照会计准则，逾期的租金需要确认收入。

根据《国家税务总局关于印发〈金融保险业营业税申报管理办法〉的通知》（国税发〔2002〕9号）的规定，融资租赁业务的纳税义务发生时间为取得租金收入或取得索取租金收入价款凭据的当天。

【结论】

税法对融资租赁收入确认是采取收付实现制的，逾期租金不确认收入。

问题点 82　公司借款给个人如何缴纳增值税?

某地产公司由于受经济环境的影响，2017 年商品房库存压力较大。为了去库存，在公司工作满三年的员工，可以向公司借款 20 万元，支付首付款，购买公司开发的房产，借款免息，所借款项从后续工资中分期扣回。

【解析】

根据财税〔2016〕36 号文件附件 1《营业税改征增值税试点实施办法》第十四条第（一）项的规定，下列情形视同销售服务、无形资产或者不动产：单位或者个体工商户向其他单位或者个人无偿提供服务，但用于公益事业或者以社会公众为对象的除外。

根据财税〔2016〕36 号文件附件 1《营业税改征增值税试点实施办法》第四十四条的规定，纳税人发生应税行为价格明显偏低或者偏高且不具有合理商业目的的，或者发生本办法第十四条所列行为而无销售额的，主管税务机关有权按照下列顺序确定销售额：

（一）按照纳税人最近时期销售同类服务、无形资产或者不动产的平均价格确定。

（二）按照其他纳税人最近时期销售同类服务、无形资产或者不动产的平均价格确定。

（三）按照组成计税价格确定。组成计税价格的公式为：组成计税价格 = 成本 ×（1 + 成本利润率）。

【结论】

企业无偿借款给员工，是需要根据同期同类贷款利率计算出企业的借款利息收入缴纳增值税。

问题点 83　我公司取得的会务费发票，可以抵扣进项税吗?

我公司组织员工在大酒店会议厅举行元旦晚会，取得酒店开具的一份金额为 21.2 万元的“会务费”增值税专用发票，我公司财务认证并抵扣了 1.2 万元增值税，是否可以抵扣?

【解析】

《中华人民共和国增值税暂行条例》第十条第（一）项规定，下列项目的进项税额不得从销项税额中抵扣：用于简易计税方法计税项目、免征增值税项目、集体福利或者个人消费的购进货物、劳务、服务、无形资产和不动产。

【结论】

企业福利性质的年会产生的会议费，在职工福利费中核算，不可以抵扣进项税额。

问题点 84　分期收款的发票如何确定增值税纳税义务发生时间?

我公司销售大型机械设备，跟客户做的两年分期付款，分期款每月都进账，我可以按月给客户开具专票吗?如果按月开具的话，销售一台设备要开 24 张发票，这样可以吗?

【解析】

依据《中华人民共和国增值税暂行条例》第十九条的规定，增值税纳税义务发生时间：

（一）发生应税销售行为，为收讫销售款项或者取得索取销售款项凭据的当天；先开具发票的，为开具发票的当天。

（二）进口货物，为报关进口的当天。

增值税扣缴义务发生时间为纳税人增值税纳税义务发生的当天。

《中华人民共和国增值税暂行条例实施细则》第三十八条规定，条例第十九条第一款第（一）项规定的收讫销售款项或者取得索取销售款项凭据的当天，按销售结算方式的不同，具体为：

（一）采取直接收款方式销售货物，不论货物是否发出，均为收到销售款或者取得索取销售款凭据的当天；

（二）采取托收承付和委托银行收款方式销售货物，为发出货物并办妥托收手续的当天；

（三）采取赊销和分期收款方式销售货物，为书面合同约定的收款日期的当天，无书面合同的或者书面合同没有约定收款日期的，为货物发出的当天；

（四）采取预收货款方式销售货物，为货物发出的当天，但生产销售生产工期超过12个月的大型机械设备、船舶、飞机等货物，为收到预收款或者书面合同约定的收款日期的当天；

（五）委托其他纳税人代销货物，为收到代销单位的代销清单或者收到全部或者部分货款的当天。未收到代销清单及货款的，为发出代销货物满180天的当天；

（六）销售应税劳务，为提供劳务同时收讫销售款或者取得索取销售款的凭据的当天；

（七）纳税人发生本细则第四条第（三）项至第（八）项所列视同销售货物行为，为货物移送的当天。

【结论】

公司应当根据合同约定的收款时间，确认收入并开具发票。如果合同约定按月收款，则应当按月开具发票同时按月确认收入申报缴纳增值税。

如果无书面合同的或者书面合同没有约定收款日期的，为货物发出的当天。

问题点 85 处置报废包装物如何进行增值税处理？

【解析】

《中华人民共和国增值税暂行条例》第一条规定，在中华人民共和国境内销售货物或者提供加工、修理修配劳务，销售服务、无形资产、不动产以及进口货物的单位和个人，为增值税的纳税人，应当依照本条例缴纳增值税。

第七条规定，纳税人应税销售行为的价格明显偏低并无正当理由的，由主管税务机关核定其销售额。

第十条规定，下列项目的进项税额不得从销项税额中抵扣：

（一）用于简易计税方法计税项目、免征增值税项目、集体福利或者个人消费的购进货物、劳务、服务、无形资产和不动产；

（二）非正当损失的购进货物，以及相关的劳务和交通运输服务；

（三）非正常损失的在产品、产成品所耗用的购进货物（不包括固定资产）、劳务和交通运输服务；

(四) 国务院规定的其他项目。

《中华人民共和国增值税暂行条例实施细则》第二十四条规定，条例第十条第（二）项所称非正常损失，是指因管理不善造成被盗、丢失、霉烂变质的损失。

【结论】

根据上述规定，低价处置包装材料，不属于进项税转出的情形，取得的处置收入属于增值税的征税范围，应按规定缴纳增值税；销售价格明显偏低，属于有正当理由的情形，应准备相关证据证明处置收入的公允性即可。

问题点 86 根据消费金额赠送商品，增值税如何处理?

企业规定客户在规定的期间消费商品满一定数量（或金额）后送一定数量的商品，如果送商品和最后一次购买商品在同一时间，是否可以作为折扣开在同一张发票上？若赠送商品在销售商品之后，没有收钱故没有开发票，只有出库单，怎样进行增值税的处理?

【解析】

第一种情况，赠送的商品开在同一张发票上，作为商业折扣处理。

第二种情况，销售商品之后赠送商品，折扣额和货物销售额无法在同一张发票上体现。根据《国家税务总局关于折扣额抵减增值税应税销售额问题通知》（国税函〔2010〕56 号）的规定，《国家税务总局关于印发〈增值税若干具体问题的规定〉的通知》(国税发〔1993〕154 号）第二条第（二）项规定，纳税人采取折扣方式销售货物，如果销售额和折扣额在同一张发票上分别注明的，可按折扣后的销售额征收增值税。未在同一张发票金额上注明，仅在发票备注中注明折扣额的，折扣额不得从销售额中减除。

【结论】

买赠业务，必须在同一张发票上列示销售额和折扣额，才可以按折扣后的销售额征收增值税。

问题点 87　电梯企业销售设备并负责安装业务如何缴纳流转税？

【解析】

国家税务局 2017 年 4 月 20 日印发的《国家税务总局关于进一步明确营改增有关征管问题的公告》（国家税务总局公告 2017 年第 11 号）第一条明确规定，纳税人销售活动板房、机器设备、钢结构件等自产货物的同时提供建筑、安装服务，不属于《营业税改征增值税试点实施办法》（财税〔2016〕36 号文件）第四十条规定的混合销售，应分别核算货物和建筑服务的销售额，分别适用不同的税率或者征收率。

【结论】

会计上应分别核算货物和建筑服务的销售额，分别适用不同的税率或者征收率。

（1）销售设备适用增值税率 16%；

（2）安装服务适用增值税率 10%，符合条件的安装服务可以选择简易征收，适用增值税率 3%。

问题点 88 转供水公司管网漏损是否需要进项税转出?

某公司为转供水公司，现公司管网漏损率达到 68%，根据建设部第 59 号《关于发布行业标准〈城市供水管网漏损控制及评定标准〉的公告》规定的漏损率不应大于 12%。

【解析】

根据《中华人民共和国增值税暂行条例实施细则》第二十四条的规定，非正常损失是指因管理不善造成被盗、丢失、霉烂变质的损失。

【结论】

该公司管网漏损不属于非正常损失，不做进项税转出处理。

问题点 89 收购农产品哪些情况下可以抵扣进项税?

【解析】

农产品进项税额抵扣七种情况：

（1）从一般纳税人购进农产品，按照取得的增值税专用发票上注明的增值税额，从销项税额中抵扣；

（2）进口农产品，按照取得的海关进口增值税专用缴款书上注明的增值税额，从销项税额中抵扣；

（3）从按照简易计税方法依照 3% 征收率计算缴纳增值税的小规模纳税人取得增值税专用发票的，以增值税专用发票上注明的金额和 10% 的扣除率计算进项税额；

（4）取得农产品销售发票的，以农产品销售发票上注明的农产品买价和10%的扣除率计算进项税额；

（5）开具农产品收购发票的，以农产品收购发票上注明的农产品买价和10%的扣除率计算进项税额；

（6）农产品进项税额核定扣除，按照《财政部、国家税务总局关于在部分行业试行农产品增值税进项税额核定扣除办法的通知》（财税〔2012〕38号）等文件规定，纳税人购进农产品不再凭扣税凭证直接抵扣增值税进项税额，而是根据购进农产品所生产的商品或服务的销售情况，按照一定扣除标准，核定出当期农产品可抵扣的进项税额；

（7）加计扣除。营业税改征增值税试点期间，纳税人购进用于生产销售或委托受托加工16%税率货物的农产品维持原扣除力度不变。

【结论】

（1）2017年7月1日后，凭票扣除农产品进项税额时，扣税种类有哪些？

增值税专用发票、海关进口增值税专用缴款书、农产品销售发票和农产品收购发票。需要注意的是农产品销售发票和收购发票作为扣税凭证，仅限于纳税人从农业生产者购入的自产免税农产品，自开的农产品收购发票或农业生产者开具的销售发票。其他情况下，一律以增值税专用发票作为扣税凭证。

（2）我家是糕点生产企业，从农民注册的养殖场购进鸡蛋，因为对方享受了免税政策，给我们开的普通发票，发票税率一直开的是0，主管税局一直没让我们抵扣，请问这种情况我们如何抵扣进项税额？

农产品销售发票，是指农业生产者销售自产农产品适用免征增值税政策而开具的普通发票。此种情况，可以凭养殖场开具的增值税普通发票计算抵扣进项税额，同时建议取得养殖场向主管国税机关办理自产农产品享受免征增值税政策的备案回执复印件备查。

（3）从农产品生产企业购进农产品，对方没开发票，收购方自己开的收购发票，这样允许吗?

纳税人只有向农业生产者个人购买自产农产品时，方可开具收购发票。农业生产者个人，是指从事种植业、养殖业、林业、牧业、水产业生产的其他个人。因此，此种情况不允许购买方开具收购发票，只能由销售方开具增值税发票。

（4）纳税人从零售环节购进适用免征增值税政策的蔬菜而取得的普通发票，是否可以作为计算抵扣进项税额的凭证?

不可以，纳税人从批发、零售环节购进适用免征增值税政策的蔬菜、部分鲜活肉蛋而取得的普通发票，不得作为计算抵扣进项税额的凭证。

（5）2017 年 7 月 1 日后，购进农产品取得小规模纳税人按照简易计税方法依照 3% 征收率计算缴纳增值税开具的增值税专用发票，怎么抵扣?

用于生产销售或委托受托加工 16% 税率货物的，按票金额 × 10% 扣除率抵扣进项税额；用于生产销售其他货物服务的，按票金额 × 10% 扣除率抵扣进项税额；既用于生产销售或委托受托加工 16% 税率货物又用于生产销售其他货物服务，但未分别核算的，按增值税专用发票上注明的增值税额抵扣。

（6）如果我是农产品生产者，又是小规模纳税人，我开具的非免税农产品的普通发票，客户能否计算抵扣?

可以抵扣进项税额的农产品销售发票是指适用免征增值税政

策而开具的普通发票，非免税农产品的普通发票不属于抵扣凭证（农产品销售发票）范围，不能抵扣进项税额。

问题点 90　收购农产品取得免税的增值税普通发票能否抵扣进项税?

【解析】

《财政部、国家税务总局关于免征蔬菜流通环节增值税有关问题的通知》（财税〔2011〕137 号）规定，经国务院批准，自 2012 年 1 月 1 日起，免征蔬菜流通环节增值税。也就是说，增值税一般纳税人从蔬菜批发商或零售商购买的蔬菜是没有进项税金的，如果该小规模纳税人属于流通环节，其购进的蔬菜不得抵扣进项税金。

《中华人民共和国增值税暂行条例》第八条第（三）项规定，购进农产品，除取得增值税专用发票或者海关进口增值税专用缴款书外，按照农产品收购发票或者销售发票上注明的农产品买价和 11% 的扣除率计算的进项税额准予从销项税额中抵扣；第十五条第一款第（一）项规定，农业生产者销售的自产农产品免征增值税。

【结论】

《财政部、国家税务总局关于免征蔬菜流通环节增值税有关问题的通知》（财税〔2011〕137 号）印发后，企业从农业生产者直接购买蔬菜的进项税额，仍然可以按农产品买价 11% 的扣除率计算进项税额。工业企业从流通环节购买的农产品取得的增值税普通发票不再抵扣进项税额。

问题点 91 付款方与开票方形式上不一致，进项税能否抵扣?

第一种情况，部分零星采购物资属于经办人员采购后再来公司报账，公司从账务上冲减了经办人的备用金。这样就导致增值税专用发票的报销单位与公司的付款方不一致，但经济业务真实，增值税专用发票的开具也符合相关规定。

第二种情况，部分货物从分公司或办事处采购，增值税专用发票的销售单位是总公司，银行付款单货款是支付给分公司或办事处的，这样出现了发票开具与付款方不一致的情形。

【解析】

增值税进项税抵扣中“三流一致”规定的源头文件，一个历经总局多次文件清理仍然幸存的条款：《国家税务总局关于加强增值税征收管理若干问题的通知》（国税发〔1995〕192 号）规定，购进货物或应税劳务支付货款、劳务费用的对象。纳税人购进货物或应税劳务，支付运输费用，所支付款项的单位，必须与开具抵扣凭证的销货单位、提供劳务的单位一致，才能够申报抵扣进项税额，否则不予抵扣。

《国家税务总局关于纳税人对外开具增值税专用发票有关问题的公告》（国家税务总局公告 2014 年第 39 号）规定同时符合以下三种情形，不属于对外虚开增值税专用发票，虽然没有对增值税发票上的银行账户提出要求，但在实际操作中，增值税专用发票上的银行账户必须是实际发生购销业务的双方，也就是增值税专用发票上注明的销货方和购货方的银行账户，与实际收取货款或支付货款的银行账户一一对应，实际收取或支付货款，肯定不能是第三方的开户银行账户或个人账户：

（1）纳税人向受票方纳税人销售了货物，或者提供了增值税应税劳务、应税服务；

（2）纳税人向受票方纳税人收取了所销售货物、所提供应税劳务或者应税服务的款项，或者取得了索取销售款项的凭据；

（3）纳税人按规定向受票方纳税人开具的增值税专用发票相关内容，与所销售货物、所提供应税劳务或者应税服务相符，且该增值税专用发票是纳税人合法取得、并以自己名义开具的。

受票方纳税人取得的符合上述情形的增值税专用发票，可以作为增值税扣税凭证抵扣进项税额。

【结论】

第一种情况属于零星采购并以现金方式支付，可以抵扣进项税，但须取得销货单位收到现金付款开具的收款收据，作为销货单位和收款单位一致的凭据。

第二种情况向分公司或办事处购买产品，货款支付给分公司或办事处，增值税专用发票由总公司开具，不符合“三流一致”的原则，不能抵扣进项税，还可能涉嫌虚开增值税专用发票。

问题点 92　购销双方价格调整补开增值税专用发票能否抵扣进项税？

【解析】

进项税额，是指纳税人购进货物、加工修理修配劳务、服务、无形资产或者不动产，支付或者负担的增值税额。

从销售方取得的增值税专用发票（含税控机动车销售统一发

票）上注明的增值税额。

（1）购买农产品时，从按照简易计税方法依照3%征收率计算缴纳增值税的小规模纳税人取得增值税专用发票的，以增值税专用发票上注明的金额和11%的扣除率计算进项税额。

（2）取得的2017年7月1日及以后开具的增值税专用发票和机动车销售统一发票，应自开具之日起360日内认证或登录增值税发票选择确认平台进行确认，并在规定的纳税申报期内，向主管国税机关申报抵扣进项税额。

（3）取得的2017年7月1日以前开具增值税专用发票和机动车销售统一发票，应自开具之日起180日内认证或登录增值税发票选择确认平台进行确认，并在规定的纳税申报期内，向主管国税机关申报抵扣进项税额。

【结论】

价格调整属于商品价格的一部分，从取得专用发票之日起，只要不超过增值税专用发票认证期就可以抵扣。

问题点93 免税商品取得平销返利是否需要进项税转出？

【解析】

《中华人民共和国增值税暂行条例》第十条规定，当纳税人购进的货物或接受的应税劳务不是用于增值税应税项目，而是用于非应税项目、免税项目或用于集体福利、个人消费等情况时，其支付的进项税就不能从销项税额中抵扣。

实际工作中，经常存在纳税人当期购进的货物或应税劳务事先并未确定将用于生产或非生产经营，但其进项税税额已在当期销项税额中进行了抵扣，当已抵扣进项税税额的购进货物或应税劳务改变用途，用于非应税项目、免税项目、集体福利或个人消费等，购进货物发生非正常损失，在产品发生非正常损失时，应将购进货物或应税劳务的进项税税额从当期发生的进项税税额中扣除，在会计处理中计入“进项税额转出”。

【结论】

按照简易办法征税及免税商品取得的返利，因为进项税没有抵扣，因此取得的返利无须转出进项税。

问题点 94　销货方从非供货方取得销售返利是否需要进项税转出?

A 医药批发企业从药厂 C 的一级批发代理商 B 处进货，与该一级代理商进行结算，其中生产企业 C 为了促销，根据 A 企业销售情况给予一定的资金支持，A 与 C 之间并无直接购销关系。

【解析】

《国家税务总局关于平销行为征收增值税问题的通知》（国税发〔1997〕167 号）、《国家税务总局关于商业企业向货物供应方收取的部分费用征收流转税问题的通知》（国税发〔2004〕136 号）文件规定，平销返利需转出进项税。但文件只针对 A 和 B、B 和 C 之间的返利。鉴于 A 与 C 之间无直接购销关系，依据现行税法要求 A 转出进项税缺少政策依据。

【结论】

实际操作中，应根据具体做法进行相应处理。即 A 向 C 收取促销费，签订服务合同，开具服务发票，C 凭发票做费用处理。

问题点 95 代收水电费的增值税如何处理?

水电费是日常租房最常见的，公司在提供房屋租赁或是物业管理服务时，经常会涉及代收水电费，代收的这笔费用的增值税处理也成为令很多企业主头痛的问题，因为不知道到底该怎么处理。

（1）提供租赁服务，水电费另外收取。

【解析】

企业提供房屋租赁服务，可以按照实际水电用量来结算费用，这属于转售应税货物，直接把水和电按适用的税率来分别开增值税发票。

【结论】

如果公司是增值税一般纳税人，电费按 16% 来计算缴纳增值税，水费按 10% 来计算缴纳增值税，而且对应的水电费进项税额是可以进行抵扣的。

如果是增值税小规模纳税人，水电费按 3% 来计算缴纳增值税，而且不能进行进项抵扣。

（2）提供租赁服务，包水电费。

【解析】

如果签合同时采取的是水电全包，那就按房屋租赁服务来开增值税发票。

【结论】

增值税一般纳税人按 10% 计算缴纳增值税。如果是增值税小规模纳税人，按 5% 来计算缴纳增值税。

问题点 96　卖场安装使用的分体空调是否可以抵扣进项税?

【解析】

《中华人民共和国增值税暂行条例》第十条规定，下列项目的进项税额不得从销项税额中抵扣：（一）用于简易计税方法计税项目、免征增值税项目、集体福利或者个人消费的购进货物、劳务、服务、无形资产和不动产；根据《财政部、国家税务总局关于固定资产进项税额抵扣问题的通知》（财税〔2009〕113 号）规定，《中华人民共和国增值税暂行条例实施细则》第二十三条第二款所称建筑物，是指供人们在其内生产、生活和其他活动的房屋或者场所，具体为《固定资产分类与代码》（GB/T　14885—1994）中代码前两位为“02”的房屋；所称构筑物，是指人们不在其内生产、生活的人工建造物，具体为《固定资产分类与代码》（GB/T 14885—1994）中代码前两位为“03”的构筑物；所称其他土地附着物，是指矿产资源及土地上生长的植物。以建筑物或者构筑物为载体的附属设备和配套设施，无论在会计处理上是否单独记账与核算，均应作为建筑物或者构筑物的组成部分，其进项税额不得在销项税额中抵扣。附属设备和配套设施是指：给排水、采暖、卫生、通风、照明、通讯、煤气、消防、中央空调、电梯、电气、智能化楼宇设备和配套设施。

【结论】

据上述规定，中央空调属于以建筑物或者构筑物为载体的附属设备和配套设施，无论在会计处理上是否单独记账与核算，其进项税额不得在销项税额中抵扣。分体空调不属于《固定资产分类与代码》（GB/T 14885—1994）中代码前两位为“02”“03”的类，也不属于以建筑物或者构筑物为载体的附属设备和配套设施。如果贵公司的分体空调不是用于非增值税应税项目、免征增值税项目、集体福利或者个人消费的购进货物或者应税劳务，该进项税就可以按规定抵扣。

问题点 97 销售货物赠送积分，增值税纳税义务如何确定？

某大型综合购物广场采取购物消费送积分活动，按照商场活动规定，每消费满 100 元赠送价值 1 元的积分，消费金额不足 100 元不赠送积分，该企业未规定积分兑换失效期限，截至 2016 年 12 月，积分递延收益期末余额高达 680 万元。那么，该企业积分消费是如何做账务处理的呢？

经了解，其账务处理简述如下：例如，某顾客消费金额 116.00 元（含税），商场赠送其价值 1 元的积分用于抵减以后的购物款项。该商场在收到顾客消费款项赠送积分时做了如下账务处理：

借：现金/银行存款 116.00 元

贷：主营业务收入 99.00 元

应交税费——应交增值税（销项税）16.84 元

递延收益 1.16 元

该商场在顾客将积分兑换消费时又做出如下账务处理：

借：递延收益 1.16 元

贷：主营业务收入 1.00 元

应交税费——应交增值税（销项税）0.16 元

对商场做出的上述账务处理，初看貌似没有什么不妥之处，但仔细想想却又存在问题，如果顾客获得 1.16 元的积分后一直没有兑换消费，那么该商场就存在着没有缴纳 0.16 元增值税的问题，况且商场对增值税的账务处理是否符合《中华人民共和国增值税暂行条例》中对增值税纳税义务发生时间的规定呢?

【解析】

《中华人民共和国增值税暂行条例》第十九条第（一）项规定“发生应税销售行为，为收讫销售款项或者取得索取销售款项凭据的当天；先开具发票的，为开具发票的当天”。

《中华人民共和国增值税暂行条例实施则》第三十八条规定“条例第十九条第一款第（一）项规定的收讫销售款项或者取得索取销售款项凭据的当天，按销售结算方式的不同，具体为：

（一）采取直接收款方式销售货物，不论货物是否发出，均为收到销售款或者取得索取销售款凭据的当天……”

【结论】

在顾客消费 116.00 元（含税）时，商场已经全额收讫销售款项，符合增值税纳税义务发生时间的规定，因此，该商场应该在此时全额缴纳增值税 16.00 元，而不是将 0.16 元的增值税延时缴纳仅缴纳增值税 15.84 元。

问题点 98　公司出售使用过的固定资产，增值税如何缴纳?

我公司 2012 年营改增升为一般纳税人，2012 年 11 月之前交营业税，现在销售以前使用过的固定资产，2012 年后购买的固定资产没抵扣，现在销售固定资产按什么税率纳税?

【解析】

依据《财政部、国家税务总局关于全面推开营业税改征增值税试点的通知》（财税〔2016〕36号）附件2《营业税改征增值税试点有关事项的规定》关于销售使用过的固定资产的规定，一般纳税人销售自己使用过的、纳入营改增试点之日前取得的固定资产，按照现行旧货相关增值税政策执行。使用过的固定资产，是指纳税人符合《试点实施办法》第二十八条规定并根据财务会计制度已经计提折旧的固定资产。

依据《国家税务总局关于简并增值税征收率有关问题的公告》（国家税务总局公告2014年第36号）的规定，将《国家税务总局关于一般纳税人销售自己使用过的固定资产增值税有关问题的公告》（国家税务总局公告2012年第1号）中“可按简易办法依4%征收率减半征收增值税”，修改为“可按简易办法依3%征收率减按2%征收增值税”；纳税人适用按照简易办法依3%征收率减按2%征收增值税政策的，按下列公式确定销售额和应纳税额：

销售额＝含税销售额/（1＋3%）；

应纳税额＝销售额×2%。

依据《关于营业税改征增值税试点期间有关增值税问题的公告》（国家税务总局公告2015年第90号）的规定，纳税人销售自己使用过的固定资产，适用简易办法依照3%征收率减按2%征收增值税政策的，可以放弃减税，按照简易办法依照3%征收率缴纳增值税，并可以开具增值税专用发票。

【结论】

如果是销售营改增之前的固定资产，适用3%征收率减按2%征收增值税；放弃减税的，可以开具增值税专用发票，适用3%征收率；销售成为一般纳税人之后购买的固定资产，按照适用税率计算销项税额，可以按照规定开具增值税专用发票。

问题点 99　非金融企业之间资金借贷利息收入如何开票缴税？

非金融企业之间发生临时性资金（闲置资金）相互借贷，并收取利息。请问收取此项利息收入的企业是向税务机关申请代开发票，还是向税务机关申请增加税目再自开发票？该项利息收入应开具什么项目名称（税目）发票？如果企业按增加税目“直接收费金融服务”开具发票收款是否可以？

【解析】

根据《销售服务、无形资产、不动产税目注释》的规定，金融服务注释是指直接收费金融服务，是指为货币资金融通及其他金融业务提供相关服务并且收取费用的业务活动。包括提供货币兑换、账户管理、电子银行、信用卡、信用证、财务担保、资产管理、信托管理、基金管理、金融交易场所（平台）管理、资金结算、资金清算、金融支付等服务。

【结论】

营改增后如果属于临时性的企业之间的借款，可以自行开具发票。如果是经常性发生这种借款行为，需要经常开具发票，则需要先办理工商经营项目的增项服务，然后办理税务登记的变更。

企业可以按“贷款服务”开具发票。商品及服务编码为 4107。不能按“直接收费金融服务”开具发票，虽然二者的税率相同。

问题点100 兼营简易项目或免税项目，进项税额一定要按各自销售额的占比转出吗?

某企业为兼营企业，主业为运输，兼营简易征收项目（租赁不动产）、免税（国际货代）项目，进项税额一定要按占比转出吗?

【解析】

《营业税改征增值税试点实施办法》第二十九条规定，适用一般计税方法的纳税人，兼营简易计税方法计税项目、免征增值税项目而无法划分不得抵扣的进项税额，按照下列公式计算不得抵扣的进项税额:

不得抵扣的进项税额 = 当期无法划分的全部进项税额 ×（当期简易计税方法计税项目销售额 + 免征增值税项目销售额）÷（当期全部销售额 + 当期全部营业额）。

主管税务机关可以按照上述公式依据年度数据对不得抵扣的进项税额进行清算。

本条规定了兼营简易计税方法计税项目、免税项目而无法划分的进项税额的划分公式。主要有以下情况:

一、在纳税人现实生产经营活动中，兼营行为是很常见的，经常出现进项税额不能准确划分的情形。比较典型的就是耗用的水和电力。但同时也有很多进项税额是可以划分清楚用途的。比如，纳税人购进的一些原材料，用途是确定的，所对应的进项税额也就可以准确划分。因此，本条的公式只是对不能准确划分的进项税额进行划分计算的方法，对于能够准确划分的进项税额，直接按照归属进行区分。因此，纳税人全部不得抵扣的进项税额应按照下列公式计算：

纳税人全部不得抵扣的进项税额 = 当期可以直接划分的不得抵扣的进项税额 + 当期无法划分的全部进项税额 × （当期简易计税方法计税项目销售额 + 免税增值税项目销售额） ÷ 当期全部销售额。

二、纳税人计算进项税额转出应按月进行，但由于月度间取得进项税额的不均衡性，有可能会造成按月计算的进项转出数据失真，因此，主管税务机关可在年度终了对纳税人进项转出进行清算，对相应差异进行调整。

【结论】

能划分清楚的进项税额可以直接抵扣。不能划分清楚的进项税额需要根据《营业税改征增值税试点实施办法》第二十九条的规定进行处理。

参 考 文 献

1. 顾瑞鹏:《企业纳税实务操作与风险防范》，中国铁道出版社 2016 年版。

2. 宋洪祥:《点税成金: 企业经营决策的税收管理与风险控制》，经济日报出版社 2008 年版。

3. 栾庆忠:《企业税务风险自查与防范》，中国市场出版社 2012 年版。

4. 肖太寿:《建筑房地产企业合同控税（第二版)》，中国市场出版社 2017 年版。

5. 企业所得税纳税申报表丛书编写组编:《企业所得税汇算清缴涉税风险实务》，立信会计出版社 2017 年版。

6. 庄粉荣:《纳税筹划实战精选百例（第 6 版)》，机械工业出版社 2016 年版。

7. 栾庆忠:《企业会计处理与纳税申报真账实操（第五版)》，中国市场出版社 2018 年版。

8. 中国税网:《税收新政与企业所得税汇算清缴操作指南》，企业管理出版社 2015 年版。

9. 翟继光主编:《营业税改增值税政策解析与纳税筹划 》，立信会计出版社 2016 年版。

图书在版编目（CIP）数据

企业纳税全程指引及风险防范／崔荣喜编著．—北京：中国法制出版社，2019.2

ISBN 978－7－5093－9228－7

Ⅰ．①企…　Ⅱ．①崔…　Ⅲ．①企业所得税－税法－基本知识－中国　Ⅳ．①D922.222

中国版本图书馆 CIP 数据核字（2018）第 274479 号

策划编辑：陈　兴

责任编辑：韩璐玮（hanluwei666@163.com）　　封面设计：周黎明

企业纳税全程指引及风险防范

QIYE NASHUI QUANCHENG ZHIYIN JI FENGXIAN FANGFAN

编著／崔荣喜

经销／新华书店

印刷／三河市紫恒印装有限公司

开本／640 毫米×960 毫米　16 开　　印张／15　字数／138 千

版次／2019 年 2 月第 1 版　　2019 年 2 月第 1 次印刷

中国法制出版社出版

书号 ISBN 978－7－5093－9228－7　　定价：59.00 元

北京西单横二条 2 号

邮政编码 100031　　传真：010－66031119

网址：http：//www.zgfzs.com　　编辑部电话：010－66070084

市场营销部电话：010－66033393　　邮购部电话：010－66033288

（如有印装质量问题，请与本社印务部联系调换。电话：010－66032926）